KB117324

혼공의 힘

스스로 해내는 공부의 폭발력

혼공의 힘

| 송인섭 |

다산
에듀

모든 아이는
스스로 공부할 수 있다

한 아이가 있었다. 시골에서 나고 자란 아이는 공부하는 게 좋았다. 책을 읽으며 이야기 세상에 빠져드는 것도 좋았고 학교에서 배웠던 내용을 복습하며 몰랐던 것을 알아가는 기쁨도 느꼈다. 그로 인해 핍박도 받았다. 공부는 해서 뭐하냐는 어머니의 질책이었다. 심지어 읽고 있던 책을 뺏어 집어던지는 바람에 책 모서리에 찧이기도 했다. 하지만 배움에 대한 동기를 꺾을 수 없었다.

결국 그 아이는 자신이 가장 흥미를 느끼고 좋아하던 분야로 학업을 이어갔다. 좀 더 전문적인 지식을 쌓고 싶어 떠난 유학에서 1년 8개월 만에 학위도 땄다. 언어가 서툰 동양인이 짧은 시간에 학위를 따는 건 거의 불가능한 일이었지만, 그것을 가능

케한 것은 '혼자 공부의 힘'이었다. 다른 누군가로부터 주어지는 것이 아닌 내부로부터 샘솟는 의지와 동기가 학구열을 불타오르게 했던 것이다. 혼공을 통해 만들어진 주체적인 삶의 패턴은 그만의 영역을 구축하도록 이끌었고 그것은 지금까지도 그의 삶을 이끌고 있다.

이 이야기는 다름 아닌 나, 송인섭의 이야기이다. 2020년 코로나로 인한 글로벌 봉쇄, 한 번도 겪어 보지 못한 한 해를 보내면서 12월의 마지막 날, 연구소를 나와 퇴근길에 오르는데 나도 모르게 눈물이 흘렀다. 나이가 들어서 그런가 싶었지만 그건 아니었다. 온 세계가 힘든 지금이지만 마음 한편으로는 감사함의 눈물이 흘렀다. 교수직을 퇴임하고도 지금껏 왕성하게 연구 활동을 할 수 있다는 것, 수십 년간 이어온 학업과 연구 생활에서 여전히 새로운 아이디어가 샘솟고 열정이 지속될 수 있다는 것이 감사해서였다. 이 모든 근원이 어디에서 왔을까? 그 이유를 파고들어 보니 혼공이 가져온 힘이었다.

코로나 19로 인해 교육 환경이 180도로 바뀌고 온라인 시대가 반강제적으로 열리면서 여기저기서 곡소리가 나고 있다. 수업은 뒷전이고 침대, 스마트폰과 물아일체가 되어버린 아이들, 그 아이들을 바라봐야 하는 답답한 부모들, 바뀐 환경 속에 꾸역꾸역 수업을 진행해야 하는 교사들 모두 혼란스러운 시간을 보냈다. 평생을 교육학자로 살아온 나는 그런 모습을 보면서 자연스럽게 학습에 대한 고민이 깊어졌다. 그리고 나는 그 돌파구가 완전한 '혼공으로의 전환'에 있다고 생각했다.

스스로 해내는 공부에서 나오는 폭발력

안타깝게도 아직까지 우리 교육은 타인에 의해 통제되는 부분이 많다. 대부분의 아이들은 '엄마가 시켜서' '학교에서 하라고 하니까' 공부라는 걸 한다. 그렇기 때문에 '공부=하기 싫지만 억지로 의자에 엉덩이 붙이고 앉아 있는 행위'가 된다. 게다가 공부와 연관 검색어는 성적, 대학이다.

이는 매우 잘못된 생각이다. 공부란 비단 교과 내용을 떠나 온전히 자신의 시간을 투입하는 행위다. 읽고 싶은 책을 집어들고 온전히 내용에 빠져들어 읽는 것이 공부다. 뿌리를 내리고 열매를 맺을 결과물을 상상하며 진실한 시간을 투입하는 것이 공부다. 즉 공부는 대상이 무엇이든 자신이 주도권을 잡고 자기를 스스로 관리하는 능력과 상통한다.

누가 시켜서 억지로 책상에 앉아 있는 것은 가짜 공부다. 물론 억지로 타인에 의해 통제되어 공부라는 걸 해서 성적을 올리기도 하고 좋은 스펙을 쌓기도 하지만 딱 거기까지다. 그 이후의 발전과 확장은 어렵다.

우리나라의 교육열은 알아준다. 해외에 나가서도 수학 과학 올림피아드에서 상을 휩쓰는 등 한국 학생들이 맹위를 떨친다. 그런데 이상하게도 갈수록 뒷심을 발휘하지 못한다. 원인은 하나다. 주체적인 학습을 통해 얻어지는 성취감을 경험하지 못하기 때문이다.

외부에서 주어지는 자극에 의해 공부를 하는 것이 아닌, 자신의 내부에서 일어나고 있는 동기에 의해 공부를 하면 흥미가 유발되고 그것이 창조적인 아이디어로 연결된다. 한마디로 이렇게도 해보고 싶고 저렇게도 해보고 싶은 주체성이 생긴다. 그런데 지금 우리의 타인에 의한 수용적 학습은 그러한 경험을 쌓을 기회를 안 주니 흥미가 사라진다.

2015년 기준 OECD 49개국이 참여한 국제학업성취도평가 PISA를 보면 우리나라 학생들의 성적은 5위권 안에 드는 상위권을 유지하고 있다. 역시 실력은 알아주는 한국이지만 자세히 살펴보면 민낯이 드러난다. 각 과목의 흥미도를 살펴보면 꼴찌이기 때문이다.

한 가지 더 충격적인 이야기를 해 보자. MIT 미디어랩의 미첼 레스닉 교수는 초등 교육용 코딩 언어인 스크래치를 개발한 사람이다. 그가 한국 학생들과의 코딩 수업에서 있었던 에피소드를 이야기한 적이 있다.

학생들에게 코딩 과제를 내주고 어느날 아침에 일어났는데 스크래치 사이트에 30개의 똑같은 코드가 올라와 있더란다. 처음에 그는 같은 프로그램이 여러 번 복사된 버그로만 생각했다. 그런데 자세히 살펴보니 서로 다른 주소에서 등록되어 있었다. 30명의 학생들이 수업에서 배운 프로그래밍 방법 그대로 코드를 짰기에 모두 똑같은 코딩이 되었던 것이다.

"도대체 한국에서 무슨 일이 일어나고 있습니까?"

레스닉 교수는 이렇게 반문한다. 코드는 시와 같아 누구도 똑같이 만들 수 없는데 똑똑하기로 유명한 한국 학생들은 그 불가능한 것을 가능하게 하여 미국 사이트에 업로드까지 한 것이다.

똑같은 복제품은 더 이상 필요없는 시대가 되었다. 한 사람 한 사람의 창의적이고 개별적인 다양한 생각과 아이디어가 기술과 접목되어야 하는 시대가 왔다.

진짜 공부, 이 혼자 공부하기를 시작하면 이러한 시대에 대비할 수 있다. 왜일까. 앞서 공부가 자신의 의지에 의해 온전히 시간을 투입하는 것이라고 말했듯, 혼공은 자기 의지를 가지고 자기 시간을 통제하여 자신의 전략을 만든다. 주체가 온전히 자신이 되기 때문에 생각과 마음을 들여다보게 되고 점검하고 수정할 수 있다. 이것은 자기주도학습 개념을 넘어선다.

자기주도학습이 스스로 계획을 세워서 학습에 적용하는 것이었다면 혼공은 학업뿐만 아니라 생활의 전반적인 분야에서 자신이 주체가 되는 것을 지향하기 때문에 자신만의 영역을 구축할 수 있게 된다. 한마디로 혼공을 통해 자아가 강해지는 것이다.

여기에 혼공의 폭발력이 있다. 일단 스스로를 알게 되면 자신 있는 것과 자신 없는 것을 구분할 수 있게 되고 강점을 강화해 나간다. 자기결정권, 자기주도권이 강력하게 작용하여 외부 상황에 흔들리지 않고 자기 영역을 창의적으로 만들며 나아갈 수 있다. 그리고 그 창의적인 영역에 대한 점검과 평가까지 스스로 하기에 다음 전략을 짤 수 있고 더 깊은 단계로 이어지는, 평생공부의 선순환이 이루어지는 것이다.

새로운 미래, 혼공력을 원한다

미래학자 토머스 프리드먼이 인류는 코로나 이전과 이후로 나뉠 것이라고 언급할 정도로 우리는 뉴노멀(New Normal, 새로운 표준) 시대를 맞이하고 있다. 당연히 미래 인재상도 고민해 봐야 하는데 그 덕목은 AI시대 인재상과 결을 같이 하면서 좀 더 가속화되고 있다. 결국 중요한 것은 '창의성'이라는 게 요지다. 이

창의성은 무에서 유를 창조하는 신과 같은 능력이 아니다. 자신이 주도적으로 자기 일을 이끌어 나가는 연습을 할 때 길러지는 내면적 역량이다. 여기에 혼공의 중요성이 있다.

세상엔 수많은 혼공의 모델들이 있다. 세상을 주도하는 사람들 대부분 학교를 버릴지언정 혼공을 통해 자기만의 영역을 만들었다. 그렇다고 학교를 등지는 게 혼공의 시작이란 말은 결코 아니다. 자신이 좋아하는 것, 잘하는 것, 자신 있는 것을 찾고 그 분야를 즐기기 위한 방법을 강구하여 노력함으로써 독특한 영역을 만들어 냈다. 이를 위해 걸림돌이 되는 것은 과감하게 포기하는 용기도 있었단 말이다.

특정 연예인을 소개하는 것이 부담스럽긴 하지만 혼공하면 떠오르는 사람이 하나 있다. JYP 엔터테인먼트의 박진영 대표다. 유일하게 좋아하고 인정하는 연예인 박진영은 혼공의 좋은 모델이다. 공부를 잘해서? 아니다. 그는 영원한 딴따라로 남고 싶다는 꿈을 이루기 위해 하루를 그 누구보다도 주도적으로, 왕성하게, 또 철저하게 살아가고 있다. 분야가 공부가 아닐 뿐, 내가 말하는 혼공의 정신을 제대로 꽃피우는 이다.

40년 넘게 교육계에 있으면서 나 역시 수많은 박진영들을 만났다. 혼공의 길을 택한 그들은 성적이나 대학 등의 기준을 넘어 보다 높은 지향점을 추구했다. 출발은 더딜지언정 자기만의 영역을 만들며 행복하게 살고 있다. 단언컨대 그들의 미래는 밝을 것이다.

모든 아이들은 똑똑하다. 모든 아이들은 스스로 공부할 권리가 있다. 우리는 그 권리를 지켜줄 의무가 있다. 물론 혼공에 정도(正道)는 없다. 100명의 아이들에겐 100가지 혼공법이 있다. 세상에 똑같은 사람이 없듯 모두가 다른 자아를 실현하는 과정 가운데 혼공의 전략이 있을 뿐이다.

이제 혼공의 시대가 열렸다. 부모로서, 교사로서 제일 먼저 해야 할 것은 있는 그대로 아이를 인정해야 한다. 지금껏 타인 주도적 학습, 수용적 학업으로 이끌었던 행동을 멈추고 아이들이 자신의 주인이 되는, 자아를 형성해 갈 수 있도록 과감히 광야의 문을 열어야 한다. 온실 속에 키워 콩나물로 자라게 할 것이 아니라 광야로 내보내 콩나무가 되도록 응원해 주어야 한다.

혼공이라는 광야의 문을 열어 주자.

송인섭

목차

2부 유형별 혼공의 12가지 전략

3부　부모가 꼭 알아야 할 5가지 혼공 지침

스스로
해내는
공부의
폭발력

1부

혼공을 만드는
9가지
핵심 원칙

공부는 진실한 시간을 투입하는 것이다

코로나19로 아이들의 공부 환경이 바뀌었다. 격일, 격주로 간간이 등교하던 것이 상황이 악화되면서 등교 중지, 온라인 수업이 장기화되는 등 비대면 학습이 생활이 되어 버렸다. 아이들은 하루 종일 집 안에 틀어박혀 모니터 앞에 붙들려 있고, 부모님도 처음 겪는 상황에 갈팡질팡 당황스럽기만 하다. 뉴스에서 아이들의 학업 능력이 떨어졌다는, 학습 공백이 심각하다는 내용을 보도할 때마다 부모님은 '혹시 내 아이도……' 하는 생각에 가슴이 철렁 내려앉는다.

이런 상황으로 부모들은 '우리 아이는 과연 혼자 공부할 수 있을까?' 라는 의문에 직면하게 되었다. 혼공 학습(혼자 공부)은 다른 사람의 도움을 받든지 아니든지 상관없이, 자신의 학습을 위해 필요한 게 무엇인지 스스로 판단하여 구체적인 목표를 정하는 것으로부터 시작된다. 한마디로 학습 과정과 그 결과까지도 내가 주체가 되어 결정권과 주도권을 가져야 한다는 것이다.

이때 부모들이 가장 많이 오해하는 것 중 하나가 아이를 간섭하지 않고 그냥 두는 것이라고 이해하는 점이다. 그러면서 부모는 아이가 과연 혼자서 공부할 수 있을지 끊임없이 의심하고 불안해한다. 하지만 혼공은 아이를 방치하는 것이 아니다. 여전히 부모의 관심과 지도가 필요하다. 다만 관심과 지도를 하는 방식이 어디까지나 아이가 스스로 판단하고 행동할 수 있도록 도와주는 점이 다르다.

그렇다고 해서 처음부터 모든 것을 완벽하게 이끌어갈 수는 없다. 혼공은 훈련에 의해 길러지는 것이고 개발돼야 하기 때문이다. 공부는 스스로 하는 것이지만 처음부터 혼자 다 알아서 잘하는 사람은 없다. 걸음마를 시작하는 아이 곁에는 반드시 돌봐주는 사람이 필요하듯이, 공부도 완벽히 자기주도적으로 할 수 있기 전까지는 주위의 도움을 받아야 한다.

핵심은 공부 주도성

그런데 바로 여기서 문제가 생긴다. 우리나라 부모들은 무조건 아이들을 학원에 보내려는 경향이 있다. 이는 물질적 지원을 통해 스스로 아이들에게 최선을 다하고 있다고 위안을 느끼고 아이가 학원에서 공부를 열심히 하고 있을 거라는 안도감을 가지고 싶어서다. 아이가 혼자서 계획하고 공부하는 것이 불안하기에 아이가 훈련을 하기도 전에 부모들이 못 견딘다. 그냥 지켜보는 것이 어려워 자꾸만 뭔가를 떠안기려 하는 것이다.

아이들 입장에서도 마찬가지다. 친구들은 다 학원에 있거나 과외를 받는데, 나만 혼자서 공부를 한다는 게 불안해서 일단 학원으로 발을 옮긴다. 설명대로 열심히 필기는 하지만, 머릿속은 딴생각으로 가득하고, 때로는 몸이 힘들어 멍하니 수업을 받아도 일단은 학원으로 발을 옮기는 것이다.

가장 큰 문제는 바로 이 과정에서 학생과 부모 모두 '열심히 공부를 했다'라고 생각하는 데에 있다. 학원이나 과외를 받는 것 자체만으로도 '공부를 했다'라고 생각하고, '이렇게 공부를 하는데도 왜 성적이 오르지 않을까?'라고 고민하는 것이다.

부모가 공부할 준비를 갖추어주고 공부할 계획을 세워준다고 해도, 학생들이 학원이나 과외수업을 빠지지 않고 열심히 다닌다고 해도 진짜 공부는 '시간의 양'이나 '학습 분량'과는 상관이 없다. 스스로 준비하고 계획할 때, 그리고 왜 공부해야 하는지 그 이유와 가치를 분명히 알고 목표를 세울 때 진짜 공부가 이루어질 수 있다는 점을 명심해야 한다.

혼공 학습을 위해 교사나 학부모가 해야 할 일은 무엇보다도 학생의 주체성을 길러주는 것이다. 의존적인 자녀, 의존적인 학생이 아니라 자기의 일을 스스로 계획하고 실천하며 평가하는 능력을 가지도록 지원해주어야 한다. 훌륭한 족집게 강사의 수업을 위해 부담스러운 사교육비를 지출하고, 아이들이 밤늦게까지 이 학원, 저 학원을 헤매도록 강요하는 것이 능사가 아니다. 교재 내용을 압축해서 다루거나 무조건 반복 암기시키는 요점 정리 위주의 '족집게식' 수업보다는 학생들이 원리를 쉽게 터득할 수 있도록 자세히 설명해주는 '이해식' 수업 방식이 훨씬 좋다.

공부를 하는 학생들 역시 단순히 '시간'과 '분량'에 얽매이지 말고 얼마나 '이해'하고 넘어갔는지에 초점을 맞춰야 한다. 가뜩이나 통합 교과와 논술로 인해 문제 하나에서 요구하는 지식과 이해의 영역이 넓어진 마당에, 다른 문제에 적용될 수 없는 지식은 시간낭비일 뿐이다. 물론 스스로 목표를 정하고 자신에게 필요한 것이 무엇인지 생각해봤을 때, 학원이나 과외가 필요하다고 한다면 이를 활용하는 것은 무방하다.

예를 들어 수학 기초가 부족하여 다시 한번 전체적인 토대를 잡고 싶거나, 말로 해야 기억을 잘하기 때문에 토론식 수업을 같이 할 사람이 필요하다면, 자신의 계획에 맞춰서 학원이나 과외를 적절히 활용한다. 다만, 절대로 학원이나 과외수업을 받는다고 해서 그것을 '공부했다'라고 생각하지 말아야 한다. 자기 것으로 만들어야 진짜 공부다.

나를 알고 나면 전략은 저절로 생긴다

대부분의 학생들이 '어떻게 하면 성적이 오를까'하는 표면적인 문제에만 관심을 가지고 있을 뿐, 근본적으로 내가 어떤 사람인지, 어떤 공부방법이 나에게 맞을지에 대한 고민은 하지 않는다. '남들이 다하니까 나도 한다'는 생각이 대부분이고, '누구는 이렇게 해서 몇 점이 더 올랐대'라는 소문에 민감하다. '어느 학원 누가 잘 가르친다'라고 하면 어떤 식으로 어떤 내용을 가르친다는 것인지 따지기 이전에 무조건 따라가고 만다. 문제가 풀리지 않는 것은 바로 그 때문이다. 안 맞는 열쇠로 자물쇠를 열려고 하니 헛수고만 반복할 뿐이다.

혼자선 아무것도 못하는
무기력한 아이

요즘에는 학원 하나쯤 안 다니는 아이가 없은 지 오래다. 심지어 학원과 과외를 6~7개까지 하는 아이들도 흔하다. 지나친 사교육의 예는 더욱 놀라운 수준이다. 한글도 떼기 전에 영어를 가르치고 아직 수학이라는 과목에 호기심도 채 갖기 전에 어려운 중고생용 수학을 공부하는 것은 정말 어이없는 일이다.

이런 공부방법이 처음 얼마간은 효과를 보이기도 한다. 성적도 오르고 책상에 앉아서 공부하는 시간도 많아지는 것처럼 보인다. 그러나 결국에는 혼자서는 공부할 수 없는 무기력한 상태가 될 뿐이다.

스스로에게 맞는 학습법을 찾아내는 첫 번째 단계는 자신이 소화해낼 수 있는 학습 시간과 보충 과목을 스스로 선택하고, 학습방법을 계획하는 것이다. 자신이 자유롭게 선택한 결정이므로 누군가에게 책임 전가를 할 수도 없고, 쉽게 바꾸거나 포기하지 못한다. 이런 책임감 있는 적극적인 자세가 짧은 동안에 큰 발전을 만들어내는 것이다.

두 번째 단계는 자기 스스로 세운 목표와 방법을 실천한 뒤에, 이를 평가하고 문제점을 파악하는 것이다. 물론 이 평가와 문제점파악의 과정 역시 스스로 해야 한다. 처음에는 의미 없는 일처럼 느껴진다고 해도 매일 지속적으로 진행하다 보면, 현재 자신의 능력이 어느 정도이고 나에게 맞는 적절한 학습목표가 무엇인지 알 수 있게 된다. 또한 이를 실행하는 과정에서 걸림돌이 되는 것이 무엇이며, 어떤 상황에서 자신이 쉽게 무너지는지를 파악할 수 있다.

예를 들어 어떤 아이는 목표를 너무 많이 잡는 것이 문제가 될수 있다. 한번에 너무 많은 학습 분량을 계획하다 보니, 마음만 조급해져서 이 과목 저 과목 왔다갔다 하다가 의욕이 꺾이는 것이다. 또 어떤 학생은 친구와 주고받는 휴대폰 문자가 가장 큰 방해요인이 될 수도 있다. 자꾸만 울리는 휴대폰이 수학문제에 집중하는 것을 어렵게 만드는 것이다.

학습목표를 정한 뒤, 자신이 어떻게 실행했는지 구체적으로 적어보면, 스스로 평가를 내리는 과정에서 바로 그런 원인을 파악할 수 있게 된다. 그리하여 공부하는습관을 들일 수 있고, 공부가 하고 싶어지는 심리적인 변화를 느낄 수 있게 된다.

원칙 3

작은 성공으로
긍정적 자기개념을
쌓아간다

제대로 된 공부방법을 깨닫는다면 변화가 일어나기까지는 그리 오래 걸리지 않는다. 제일 처음 일어나는 변화는 공부에 흥미를 느끼고 있는 자신을 발견하는 것이다. 스스로 생각하고 문제를 풀기 때문에 지루함이 한결 덜하게 되고 자연히 오랜 시간 책상 앞에 앉아 공부하는 자신의 모습에 스스로 놀라는 경우도 있을 것이다.

자신이 느끼는 것보다 시간이 빨리 흘렀다면 그것은 곧 공부가 재미있다는 것을 의미한다. 이처럼 변화를 스스로 느끼는 것은 또 다른 공부 활력이 된다. 자잘한 성공 경험과 자신에 대한 긍정적 체험이야말로 의지를 갖고 자신을 바꿔가는 힘이 된다.

스스로 변화를 느낀다

무엇보다도 이제는 책 속의 글자가 쉽게 읽힌다. '예전에는 눈이 글자를 거부했는데, 이제는 자신도 모르게 글자가 눈 속으로 날아 들어오는 느낌'을 실제로 경험할 수 있을 것이다. 그리고 자신도 모르는 사이에 여러 가지 독립된 지식이 체계적으로 자리 잡는 것을 느낄 수 있다.

또 다른 변화는 끊임없이 질문이 떠오른다는 것이다. 책에 있는 내용을 그대로 받아들이는 것이 아니라 그 논리를 생각하며 자신이 전개해가기 때문에 수시로 막히게 되고, 책이나 참고서에서는 어떻게 풀어 나갔는가에 대해 관심을 갖게 된다. 자기 스스로 답을 확인하는 데까지는 시간이 조금 걸리겠지만, 자신의 생각과 대립되는 의견에 직면하게 되면 그 문제에 대해 다시 생각해볼 수 있는 동기가 유발되고 다른 사람의 관점에 대해서도 이해의 폭이 넓어지게 된다.

변화의 징후를 느꼈을 때는 계속 정진하는 것이 중요하지만, 공부방법에 대한 관심도 계속 유지해야 한다. 스스로 변화를 느낀 다음에는 나름대로 공부방법에 대한 평가를 얻을 수 있을 것이며, 그 이전에는 느끼지 못했던 교훈을 새삼스럽게 깨달을 수 있기 때문이다.

가족관계에도 변화가 생긴다

변화는 자신뿐만 아니라 함께 생활하는 가족들에게도 찾아온다. 작은 성공을 경험해 긍정적 자기 개념을 가지게 된 아이들의 부모님들에게 이야기를 들어보면, 예전에는 그렇게 야단을 치고 강요해도 좀체 책상에 앉으려 하지 않던 아이가 스스로 시간 조절을 하고 있는 것을 보고, 깜짝 놀라면서도 흐뭇해졌다고 한다.

또 공부 계획에 대해 더 참견하고 싶을 때도 있지만 본인의 의지대로 하면서 문제점을 스스로 발견해 가는 것이 좋을 것 같아 지켜봤는데 역시 실망시키지 않았다는 것이 공통적인 의견이었다. 무엇보다 즐거운 것은 아이가 스스로 공부하면서 공부에 재미를 붙인 것을 옆에서도 느낄 수 있다는 것이다.

시간으로만 치자면 엄마가 시켜서 할 때만큼 채우지는 못하지만 스스로 하는 것을 더 좋아하게 되어 아이의 표정까지 밝아졌다는 엄마들이 많았다. 예전에는 엄마가 짜준 스케줄에 맞춰 시키는 공부를 하고 나서 "엄마, 나 이제 뭐 해요?"라고 물어 엄마를 당황하게 할 때가 있었는데 이제는 자기 스케줄은 자기 스스로 알아서 하는 관리하는 아이로 변했다는 것이다.

원칙 4

성적 향상의 관건은 집중력이다

성적은 집중력이 좌우한다고 해도 과언이 아니다. 집중력이란 모든 지적 활동의 기본 능력으로, 좋아하는 일을 할 때 가장 높아진다. 그러나 비록 하기 싫은 일이라고 하더라도 꼭 해야 하는 일을 할 때는 지속적으로 집중할 수 있어야 한다. 아무리 잠을 줄여 열심히 공부해도 남보다 2배 이상 많은 시간을 공부하는 것은 불가능하다. 그러나 같은 시간 공부를 하면서도 100배, 200배 효과를 낼 수 있다면 결과는 언제든지 뒤바뀔 수 있다. 공부하는 요령을 터득한 사람에겐 시간으로도 어찌 해볼 수 없는 절대적인 파워가 생기기 때문이다.

힘든 가운데
재미를 찾아내는 기술

공부하는 양을 '열심히 하는 공부'의 척도로 삼는 아이들이 있다. 심지어는 참고서를 열 번이나 독파했다고 자랑하는 아이도 있었다. 참고서를 꼼꼼하게 두 번만 봐도 큰 효과를 볼 수 있는데 열 번을 독파했다면 정말 대단한 일이다.

그러나 그런 학생일수록 성적이 기대에 못 미치는 경우가 흔하다. 책에 집중하지 않고 눈으로만 열 번을 본다고 공부가 되는 것이 아니기 때문이다. 또 하루 종일 책을 봐도 세 쪽밖에 보지 못하고 그 세 쪽의 내용조차 기억하지 못하는 아이들도 있다. 내용이 도무지 머릿속에 들어오지 않으니 이해될 리 만무하고, 눈은 계속 같은 자리만 맴도는 것이다. 눈은 책을 보고 있지만 머리로는 다른 생각을 하고 있으면 이내 공부가 지루해지고 책상 앞에 앉아있기가 힘들다. 그런데도 시험이나 성적이 부담이 되어 책상 앞에 앉아있다면 자기도 모르게 눈꺼풀이 무거워지고 잠이 들기 십상이다.

어떤 아이들은 집중력이 떨어지는 것을 이기지 못하고 게임이나 인터넷에 빠져 공부 마음은 잃어버린다. 이렇게 한번 풀어진 마음을 다잡고 공부에 열중하기란 그리 쉬운 일이 아니다.

사실 스트레스는 공부의 최대 적이다. 스트레스를 푸는 자기만의 방법을 찾고, 적절히 이용하는 것은 좋은 일이다. 그러나 문제는 스트레스를 핑계대고 자신의 일을 미루는 경우가 너무 많다는 것이다.

공부에 재미를 느끼지 못하는 사람은 처음부터 다시 생각해 볼 필요가 있다. 이런 모습들이야말로 집중력 부족의 전형적인 모습이기 때문이다. 물론 대부분의 사람에게 공부란 힘든 것이다. 그러나 제대로 집중해서 공부하면 그 힘든 가운데서도 나름대로 흥미를 느낄 수 있는 요소가 있으며, 그렇게 재미를 느낀다면 훨씬 쉽게 공부에 집중할 수 있다.

공부가 집중력에 달려있다는 것은 누구나 동의한다. 사람에 따라 그 접근법과 표현이 달라질 뿐이다. 어떤 사람은 집중력은 흥미에서 생긴다고 하며, 어떤 사람은 강한 의지에서 생긴다고 한다. 어떤 이는 집중력은 재능의 차이이며 선천적으로 주어지는 것이라고도 한다. 또 어떤 이는 후천적이기는 하나 어릴 때부터 키워지는 것이라고 말하기도 한다.

어느 것이 옳은지 잘라 말하기는 어렵다. 일부 주장처럼 어떤사람은 선천적으로 강력한 집중력을 가지고 태어났을 수도 있다. 하지만 그것은 그리 중요하지 않다. 분명한 사실 하나는 집중력이라는 것은 때론 필요에 의해, 때론 의지에 의해 노력하고 훈련하면 키워질 수 있다는 것이다. 그 해답이 바로 자기주도 학습전략에 있다.

내게 꼭 맞는 목표를 찾아 실천한다

철학자 프랜시스 베이컨은 '아는 것이 힘이다'라고 말했다. 옳은 말이다. 그러나 이 문장을 완벽하게 만들려면 단어 하나를 더 넣어야 한다.

'아는 것을 실천해야 힘이다.'

실천하지 않는 계획과 실천하기 힘든 목표 설정은 진정한 학습이 아니다. 백 번 걱정하고 계획을 세우는 것보다 하나의 실천이 더 유익하다. 공부에 관한 한 이 말처럼 정확한 것이 없다. 열정을 가지고 실천하지 않으면 아무리 좋은 공부방법을 알고 있더라도 쓸모가 없기 때문이다.

실천하지 않는 지식은
소용없다

이때 중요한 것이 바로 자신의 능력에 맞춰 정확한 목표를 설정하고 학습계획을 세우는 것이다. 즉, 자신이 '할 수 있는 것'을 목표로 설정하고 그것을 실천하는 것이 무엇보다 중요하다는 얘기다. 너무나 당연한 사실 같지만 많은 사람들이 이 단순한 사실을 받아들이지 않는다.

어떤 일에서든 계획이 있게 마련이듯, 공부에 있어서도 학습하는 아이가 직접 자신의 수준에 맞는 학습계획을 세우고 스스로 평가한 뒤 다음 계획을 세워서 실행해야 한다. 개중에는 무턱대고 높은 목표를 세워 놓고 그 목표를 이루려는 과정에서 심리적인 혹은 능력상의 문제로 의욕을 상실하거나 좌절하는 경우도 적지 않다.

목표는 되도록 도달하기 가깝게 세워 달성하는 것이 좋다. 공부하는 계획을 세움에 있어서 최종 목표의 설정도 중요하지만 대개는 단순하고 작은 학습목표를 달성해가는 데 역점을 두어야 한다.

여기에서 유의해야 할 사항은 실패를 두려워한 나머지 처음부터 너무 낮게 잡는다든지 반대로 목표를 너무 높게 잡음으로써 강박관념을 유발해선 안 된다는 것이다. 학습계획과 목표는 자신의 능력을 감안하여 짜도록 하며, 만약 처음부터 스스로 짜기 힘들 것 같다면 양육자나 선생님과 상의하면서 적절한 수준을 잡아야 한다.

실행하는 과정에 있어서도 마찬가지다. 만약 처음부터 스스로 지키기가 힘들 것 같다면 미리 부모님이나 선생님과 상의하여 적절한 방안을 찾아야 한다. 예를 들어 일주일 정도 시행해보고, 가장 문제가 되는 것이 무엇인지 체크한 다음, 실행을 방해하는 요소가 무엇인지 분석한다.

때로는 자신의 의지가 약하다는 게 문제일수 있고, 때로는 너무 많은 과외가 문제일 수도 있다. 의지가 약한 게 문제라면, 자신의 의지를 방해하는 요소를 다시 분석해본다. 친구들과의 잦은 약속이 문제인지, 아니면 컴퓨터 게임이 문제인지 생각해보고, 의지를 방해하는 요소를 스스로 제거하는 것이다.

'혼공 학습전략'으로 동기와 목표를 찾아보자. 스스로 학습에 대한 흥미를 느끼고, 미래의 자신에 대한 꿈을 키우다 보면 구체적인 목표가 생기고, 목표를 위해 준비를 해야겠다는 생각은 자연스럽게 학습동기를 유발한다.

자신감은 불가능을 가능하게 만든다

어떤 일이건 자신감을 가지고 추진하면 성공할 확률이 높은 반면 자신감 없이 일을 하게 되면 실패할 확률이 그만큼 높아진다. 공부도 마찬가지다. '할 수 있다'는 자신감을 가지고 공부를 하면 성공적으로 할 수 있지만 자신감이 없으면 중도에 포기하기 쉽다.

독립심과 자립심을 키워라

혼공 학습에서 가장 중요한 것은'나는 할 수 있다'는 자신감을 가지는 일이다. '스스로 학습'에서 자신감을 얻은 학생은 학습동기를 되찾고 도전정신으로 무장한 채 성장하게 된다. 혼공 전략에서는 자신의 현재 공부방법이 최선이 아님을 깨닫고 자신이 할 수 있는 범위에서 공부방법을 연구한다. 또 자신의 실력과 이해 수준을 파악해 학습속도를 조절할 수 있게 된다. 이런 과정을 통해 자신의 능력과 환경을 알고 공부요령을 터득하게 되면 예전에 1시간을 해도 이해되지 않던 것이 30분 안에 이해할 수 있게 되고 그로 인해 자신감과 자부심을 갖게 된다.

혼공 학습은 이처럼 무기력에 빠진 학생에게 '해냈다'는 뿌듯함을 맛보게 함으로써 공부뿐만 아니라 생활에서도 자신감을 갖게 한다. 그리고 자기 스스로 공부 계획을 짜고 지식을 자기 것으로 만들어가는 과정에서 스스로 어떻게 해야 하는지를 터득하기 때문에 독립심과 자립심을 키울 수 있다. 모르는 문제가 있으면 어차피 학원이나 과외 선생님이 해결해준다는 생각에 젖으면 스스로 공부하는 방법을 잊어버리고 만다. 그러나 도와줄 사람이 없으면 조용히 스스로 문제를 해결하려고 한다. 문제는 가정이나 학교에서 이 과정을 얼마나 잘 참아주느냐에 있다.

학업 수준이 낮다고 평가받는 아이들을 보면, 학습 능력 자체보다 자기는 할 수 없다고 포기해버리는 것이 가장 큰 원인임을 알 수 있다. 따라서 스스로 공부하는 습관을 들이려면 가장 먼저 할 일은 '할 수 있다'는 자신감으로 무장하는 일이다. 무슨 일이든 일단 스스로 해보도록 하고 자신에게 칭찬과 격려를 아끼지 말자. 실패를 하더라도 스스로를 따뜻하게 감싸고 다시 해보는 용기를 내보자.

연구를 진행하면서 만난 수많은 학생들 중에는 말버릇만으로도 자신감의 정도를 짐작할 수 있는 경우가 많았다. 학원이나 과외에 익숙한 아이들이 혼공 학습의 효과에 대해 의심하는 것은 어찌 보면 당연한 일일 수도 있다. 이럴 때 "그래서 전 못해요."라든가 "못 할 것 같은데요."라고 말하는 아이가 있는 반면, "일단 해 보죠, 뭐."라고 말하는 아이도 있다. 기본적인 자신감의 정도를 가늠할 수 있는 것이다.

공부는 반드시 해야 할 일이지만 그 과정은 매우 힘들고 어렵기 때문에 참고 이겨내기 위해서는 자신감이 필요하다. '내가 해냈다'는 수많은 경험을 통해 '나는 할 수 있다'는 자신감은 자연스럽게 생기게 된다. '나는 할 수 있다'는 자신감이야말로 불가능해 보이는 일을 가능하게 만드는 신비한 힘이다.

길게 보고
더디 가는 게
실력이다

노벨상 수상자 300여 명 중 100여 명이 유태인일 정도로, 유태인은 머리가 좋은 민족으로 소문이 나있다. 이는 이스라엘에서 '머리를 쓰는' 교육을 하고 있기 때문이다. 실제로 이스라엘식 육아법을 가만히 들여다보면 머리가 좋게 태어났다기보다 머리가 좋아지도록 키워진다는 것을 알 수 있다. 그들의 학교나 가정은 아예 아이들이 머리를 쓰지 않고는 견딜 수 없게 짜둔다. 하지만 머리를 쓰게 한다고 여러 가지 책을 보게 하거나 수학 문제를 풀게 하는 건 아니다.

시험이 끝나는 순간
사라져버리는 지식들

유태인 교육의 핵심은 아이가 어디에 관심과 흥미를 가지는지, 어떤 특별한 창의성이 있는지, 어떤 잠재력을 품고 있는지를 주의 깊게 관찰해서 그쪽을 계발시키기 위해 꾸준히 지도하고 스스로 무엇인가를 하도록 유도한다는 것이다. 아이들을 세상 속에 풀어놓은 다음, 가능한 한 많은 것을 직접 느끼게 하고 생각하게 만들어 열린 사고구조를 가지게 하는 것이다.

미국의 학교 교육 역시 우리와는 무척 다르다. 우리나라의 모든 교육은 대학입시를 향해 달려가기 때문에 한정된 시간에 최대한 많은 문제를 푸는 것이 중요하다. 가급적 많은 공식을 외워 문제풀이에 걸리는 시간을 단축하는 것이 관건이다. 반면에 미국 학생들은 아주 사소한 공식도 거의 외우지 않는다. 그런 공식을 이용할 필요가 있으면 직접 그 공식을 유도하여 사용하도록 교육받고 있는 것이다.

공부는 머리를 쓰며 해야 한다. 너무도 당연한 주장이기에 '그게 무슨 말인가' 할 수도 있겠지만, 실제로는 많은 아이들이 그렇게 공부하지 않기 때문에 하는 얘기다. 학교나 학원 교육에 젖어있는 대부분의 아이들은 단순하게 눈으로만 공부할 뿐 생각을 하지 않는다. 그러나 눈은 단순하게 정보를 받아들이는 장

치에 지나지 않는다. 눈으로 받아들인 지식을 자신의 머리로 생각해서 자신의 것으로 만들지 않는 한 공부에 발전을 기대하기는 어렵다. 머리를 크게 쓰지 않고도 기억은 할 수 있지만, 공부는 기억력만 가지고 되는 것이 아니다.

스스로 생각하도록 하는 공부가 진정한 공부라는 것은 옛날부터, 누구나 알고 있는 것이었다. 하지만 대규모 교육이 이루어지는 현대사회에서는 일일이 학생들의 반응을 살펴보며 가르칠 수가 없다. 하지만 혼공 학습전략을 통해 스스로 공부하는 습관을 들이면 충분히 머리로 생각하고 고민하는 공부다운 공부를 할 수 있다.

무엇을 공부하든지 간에 설정된 주제를 이해한 후 그 주제를 중심으로 전개되어가는 논리를 생각하면서 공부해야 한다. 이 경우 핵심주제와 관련이 없는 주변 지식은 큰 도움이 되지 않는 참고용에 불과하다. 물론 모든 것을 완벽하게 공부했다면 이런 주제를 중심으로 하는 논리도 이해하고 아주 지엽적인 지식도 외웠겠지만, 그런 학생은 어쩌다 한 명 나올까 말까 할 정도로 찾아보기 어렵다.

따라서 완벽하게 공부를 하지 않았으면서도 지엽적인 지식을 많이 알고 있는 아이는 전혀 머리를 쓰지 않고 그냥 외우기만 한 경우이다. 이런 지엽적인 지식은 시험이 끝나면 곧바로 잊어버리게 마련이다. 또한 장기적인 발전도 기대하기 어렵다.

공부는 머리를 쓰는 것이라는 사실을 외면한 채 지엽적인 암기에만 매달렸기에 발생한 현상이다.

간혹 수업 내용을 빨리빨리 이해하지 못해 남보다 둔하다는 소리를 듣는 아이들이 있다. 그러나 알고 보면 이런 아이들 중에 제대로 공부하는 아이들이 제법 많다. 새롭게 배우는 내용을 정확히 이해하고 체계적으로 받아들이려다 보니 무조건 받아들여 외워버리는 아이들보다 시간이 걸리는 것이다.

질문이 안 생기는
독이 되는 과외

머리를 쓰는 공부의 가장 큰 특징은 끊임없이 의문이 생긴다는 것이다. 공부를 하면서 아무런 의문도 느끼지 못한다면 그 공부는 죽은 공부이며 하나마나한 공부가 된다. 그렇게 공부를 해서는 아무런 효과를 기대할 수 없기 때문이다. 공부의 본질은 단편적인 여러 지식을 논리적이고 체계적으로 연결시키는 능력을 의미하는 것인데, 어떤 책도 그 모든 관련사항을 낱낱이 밝혀 놓을 수는 없기 때문에, 제대로 공부하는 사람에게는 항상 설명이 부족하게 마련이다. 따라서 자신이 알고 있는 논리체계로 이것저것을 연결시키다보면 자연 의문이 생기게 마련인 것이다. 이런 의문이 떠오르지 않는 공부라면 그것은 처음부터 잘못된 공부라고 할 수 있다.

이런 문제에 한몫하는 것이 과외다. 과외에서는 학교보다 진도를 빨리 나가는 경우가 많다. 과외선생은 원리보다는 내용을 요약해서 문제를 쉽게 푸는 법을 알려주는 데 능한 사람이다. 따라서 아이들이 의문을 가질 수 있도록 논리체계를 차근차근 설명하지 않고 내용만 요약해서 설명해준다. 이런 시스템은 아이들에게 아무런 의심 없이 지식만 받아들일 것을 강요한다. 뿐만 아니라 과외를 통해 이미 진도를 나간 아이들은 학교에서 같은 내용의 강의를 들을 때 새롭게 의문을 갖기가 어렵다.

다시 말하면, 과외로 인해 스스로 생각할 기회가 박탈당하는 결과가 초래되는 것이다. 스스로 생각해서 깨우치는 기쁨을 느껴보지 못한 아이들은 공부에 흥미를 잃을 가능성이 높다. 이런 과외는 독약이다. 과외가 꼭 필요하다면 차근차근 원리를 설명해주는 친절한 선생이 필요하고, 가급적 복습 위주로 수업시간에 미처 이해하지 못한 내용을 확인하고 조직화하는 과정으로 삼아야 한다.

시간을
다스릴 줄 알면
시간이 남는다

대부분 학생들의 하루 일과를 살펴보면 온통 학교 수업과 학원, 과외, 인터넷 강의로 꽉 채워져 있다. 보는 것만으로도 현기증이 날 지경이다. 시험 전에 날밤을 세워가며 공부했던 내용들이 시험이 끝남과 동시에 감쪽같이 사라지고 마는 기현상도 도처에서 만날 수 있는 흔한 일이다.

내 몸에 맞는
사이클은 따로 있다

공부방법을 바로잡으려면 생활습관의 사소한 것까지 철저

하게 분석해보아야 한다. 좋은 공부습관을 만들면 성적 향상뿐 아니라 제2의 본성이 자리를 잡게 되어 평생학습에 있어서도 혼공 학습자가 될 수 있다. 이때 가장 중요한 요소는 바로 시간관리다. 스스로 시간을 배분해서 할 일을 해나가면 시간관리 능력과 시간조절 능력을 몸소 익히게 된다.

예를 들어, 밤에 공부하는 것을 생각해보자. 낮잠이나 늦잠을 자면서 밤늦게까지 공부하는 아이들이 많다. 이는 조용한 밤에는 다른 사람이나 주변 환경의 방해를 받지 않고 공부할 수 있기 때문이다. 그러나 입시라고 하는 장기 레이스를 준비하는 데 있어 이런 방법은 그리 효과적이지 못하다. 사람은 원래 낮에 활동하고 밤에 휴식을 취해야 건강하다는 일반적인 상식은 차치하더라도, 시험은 대개 낮에 보기 때문에 낮에 맑은 정신으로 깨어있는 습관을 들여야 개운한 컨디션으로 시험을 치를 수 있다.

또한 밤에 자는 것이 호르몬의 균형에 맞춰 깊은 잠을 잘 수 있을 뿐 아니라 사실은 가장 시간을 아껴 쓰는 방법이 된다. 낮잠을 자고 밤에 일어나서 공부를 하는 경우에는 밤참을 먹어야 하고, 두 번으로 나눠 자다 보니 자고 일어나서 정신이 맑아질 때까지 꽤 많은 시간이 소요된다.

새벽에 일어나서 공부하는 것이 반드시 좋은가 하는 것은 조금 다른 문제다. 물론 새벽에 일어나서 공부하면 조용한 가운데 공부할 수 있기 때문에 매우 효과적이지만, 아침잠이 많은 학생이 새벽에 일어나 공부하는 습관을 들이려면 꽤 많은 시간과 노력이 필요할 것이다. 군이 자신에게 안 맞는 사이클을 선택해서 능률을 떨어뜨릴 필요는 없다. 아침 등교시간에 맞춰 일어나 등교준비를 하고 학교에서 안정감 있게 공부하는 것이 오히려 시간낭비를 줄이는 방법이 될 수도 있다.

자투리 시간을 잘 쓰면
시간이 남는다

세심한 데까지 신경을 쓰면 다양한 아이디어를 얻을 수 있다. 예를 들어 어떤 교육 전문가는 수업 시작 직전과 끝난 직후 1~2분이 매우 중요하다고 주장한다. 수업 전 1~2분을 이용하여 마음을 차분히 하면 공부가 잘 되며, 수업이 끝난 직후에는 그냥 책을 덮는 것이 아니라 무엇을 배웠나 잠깐 살펴보고 수업 내용을 간단하게 정리해서 머릿속에서 매듭을 지어두면 좋다는 것이다.

실제로 '혼공 학습 프로그램'에 참여한 학생들도 학교에서 쉬는 시간을 그냥 흘려버리는 게 아깝다는 생각을 갖게 되었다는 고백을 하곤 한다. 곰곰이 생각해보면 하루 6~7시간 수업에 쉬는시 간 10분씩이면 60분인데 그 시간만 잘 활용해도 많은 것을 할 수 있다는 데 생각이 미친 것이다. 거기에 점심시간을 합하면 거의 2시간 가까운 시간이 버려지고 있었음을 깨닫고 놀라곤 한다.

이렇게 수업 후 쉬는 10분 동안 무엇을 할 수 있을까 하는 생각의 변화를 느끼면 아이들은 그 시간 동안 스스로 할 수 있는 일을 계획하게 된다. 수업시간에 필기한 노트를 읽어 보다든지 영어단어 2~3개를 본다든지 수학문제를 1개를 푸는 식으로 나름대로 목표를 정해 시간을 활용하게 된다. '티끌 모아 태산'이라는 속담처럼, 어느 정도 시간이 지난 뒤에 자투리시간을 활용한 학습량을 보면 자신도 모르는 사이에 차곡차곡 쌓여져서 따로 시간을 낼 필요가 없을 정도였다고 한다.

이렇게 해서 확보된 시간은 목적에 따라 다양하게 활용할 수 있다. 자신의 통제 하에 주말 오후에는 휴식을 취한다든지 공부에 방해가 되지 않을 정도로 가벼운 운동을 하는 것이다. 이렇게 시간을 관리할 줄 알게 되면 예전처럼 시간에 쫓겨서 허둥대는 일은 더 이상 없을 것이다.

시간관리는 시간의 낭비를 줄이고 시간을 효율적으로 사용함으로써 목적에 집중할 수 있도록 해준다. 또한 학습에서의 긴장감을 유지하고 자기 관리를 강화하도록 해준다. 효율성 있는 시간 사용은 단순히 입시공부를 떠나서 장차 인생을 살아가는 데도 아주 중요한 덕목이다. 당장 자신의 하루, 일주일이라는 시간도 효율적으로 활용할 수 없는 학생이 먼 미래를 내다보고 장기적인 시간 동안 충실한 삶을 영위한다는 것은 불가능하다.

공부하는 습관이
몸에 배면
성공이다

스스로 공부하는 습관을 가지게 되면 서서히 집중력이 증가하고 잡념이 사라지게 되므로, 오랜 시간 책을 볼 수 있게 된다. 자연히 마음이 편안해지고, 괜스레 불안해서 엉덩이가 들썩이는 생리적 이상 현상이 저절로 없어진다. '오늘은 어제보다 더 많이, 더 열심히 공부해야지'하는 생각에 잡념이 끼어 들 틈이 없는 것이다.

그러나 이런 성과는 하루아침에 이룰 수 있는 일이 아니다. '첫술에 배부를' 수는 없는 법이다. 또 얼마간의 성과를 거뒀다고 해서 방심해서도 안 된다. 혼공 학습태도가 완전하게 자리 잡기까지는 부단한 노력이 필요하다.

하루 이틀 만에 성적이 오르고 학습태도가 싹 바뀔 것이라고 기대했다면 이내 실망하고 지칠 수도 있다. 습관을 바꾼다는 것이 생각처럼 쉬운 일이 아닌 데다 공부의 효과라는 것이 금방 다음 시험에서 변화를 만들어 낼 만큼 빨리 나타나는 것도 아니기 때문이다. 생활습관이 바뀌고 생각하는 방법이 바뀌며 단편적인 지식들이 커다란 그림 속에서 제자리를 잡아 체계를 갖추려면 시간이 필요하다. 늦더라도 분명히 효과가 나타날 것이라는 신념을 갖고 꾸준히 해나가는 것이 중요하다.

반대의 경우도 있다. 얼마간 열심히 공부해서 성적이 올라가면 자신도 모르게 자만심이 생길 수 있다. 한 열흘 다시 여유 있게 보내고 시험이 다가오자 공부 좀 했더니 성적이 유지되었다. 바로 이때 자만심이 고개를 들게 된다. 이제는 습관이 제대로 들었나보다 생각하고 안심하는 것이다. 무언가 되어가는 듯하니 이제는 마음이 제법 느긋해지고 여유가 생겨 "주말에는 영화도 한편 보고 아침에 늦잠도 좀 자지, 뭐"하다가 제대로 자리도 잡지 못한 혼공 학습습관을 망쳐버리는 것이다. '아차'싶어 정신을 차렸을 때는 이미 성적이 한참 떨어져 복구하기 힘든 수준에 와있다. 규칙적으로 생활하며 공부하지 않는다면 힘들게 만들어놓은 학습습관이 무너지는 것은 순식간이다.

습관을 바꿔가는 데는 많은 인내심이 필요하다. 자신을 통제하고 이끌어간다는 것은 그만큼 힘들다. 하지만 공부하는 습관이 몸에 배지 않으면 아무것도 달라지지 않는다는 점을 명심하고 각고의 노력을 기울여야 한다. 책상에 앉아 진득하게 집중할 수 있는 습관이야말로 공부의 즐거움을 만나는 지름길이며 생활과 인생을 바꾸는 태도이기 때문이다.

스스로
해내는
공부의
폭발력

2부

유형별 혼공의
12가지 전략

전략 1

인터넷에 푹 빠져
헤어나지 못하는 아이

On-line 세상에 빠져 있는 건우

코로나로 등교 중지가 시작되면서 건우의 아침은 눈을 뜨자마자 컴퓨터 앞에 앉아서 게임을 하는 것으로 시작된다. 엄마는 온라인 수업을 준비하라고 소리치지만 게임 속 세상에서 헤어나오지 못하는 건우의 귀에는 아무 것도 들리지 않는다.

학교에 갈 때도 마찬가지였다. 수업시간에도 게임 레벨을 올리는 궁리나 하고 있으니 성적이 계속 떨어지는 건 당연하다. 게임을 하느라고 밤늦게 자서 수업시간에 조는 경우도 허다할 뿐더러 책 보는 것 자체를 싫어한다.

예전에는 공부를 곧 잘하는 아이였는데 언제부터인가 수학이나 암기과목에서 성적이 바닥을 기고 있고, 특히 수학은 흥미를 아예 잃어버렸으며 이미 배운 과정의 문제조차 풀지 못한다.

"인터넷을 하지 않을 때는 지루할 뿐이에요. 그러나 인터넷에 열중하고 있으면 제 자신이 너무 자유롭다고 생각해요. 그런데 인터넷을 할 때마다 주위에서 못하게 하면 정말 짜증나요."

직장에 다니는 엄마는 몇 달 후 중학교에 입학할 건우의 성적이 걱정이다. 성적이 점점 떨어지는 이유가 컴퓨터 게임인 것을 알지만, 직장일로 바쁜 엄마로서는 일일이 컴퓨터 시간을 통제할 수가 없다. 건우를 혼내는 것도 하루 이틀이지, 매일같이 반복되는 일상에 엄마도 지칠 뿐이다.

인터넷에 쉽게 빠지는 아이들

요즘 아이들의 놀이문화를 살펴보면, 예전처럼 밖에 나가서 친구들과 어울려 놀기보다는 주로 인터넷 게임을 하거나, 유튜브를 보고 카톡 등의 SNS로 친구들과 대화를 나눈다. 그렇다보니 스마트폰 사용시간이 많고, 인터넷을 사용하지 않을 때 불안하거나 초조함을 느끼는 금단현상이 나타나며, 이로 인해 일상 생활에 장애가 유발되어 중독 현상에 이르는 경우도 많다.

인터넷 중독이 하나의 사회문제로까지 대두되는 이유는 끔찍한 범죄로 이어지는 경우가 적지 않기 때문이다. 게임 비용을 마련하기 위해 돈을 훔치고 폭행뿐만 아니라 살인까지 하는 경우도 있다. 그렇다면 인터넷에 쉽게 빠지는 아이들은 어떤 심리적 특성을 보일까.

1. 자존감이 낮다

보통 학업성적이 부진하거나, 학업에 흥미가 없는 아이들은 자존감이 낮은 편인데, 이들은 익명성이 보장되는 인터넷에 빠지기 쉽다. 인터넷을 통하여 자신의 모습을 숨기고 자신이 되고자 하는 이상적인 모습을 가질 수 있기 때문이다. 예를 들어, 힘이 없어 친구들에게 괴롭힘을 당한다면, 폭력적인 게임을 통해 여러 사람들을 때릴 수 있게 되어 대리만족을 느끼게 된다.

2. 우울감이 높다

우울이란 울적한 기분이나 불행하다고 느끼는 감정, 매사에 부정적인 시각과 무관심 등의 부정적인 기분상태를 의미한다. 우울감이 높은 아이는 평소 슬픔, 좌절감, 대인관계의 어려움, 우유부단한 행동의 특징을 보인다. 그런 아이일수록 가상의 세계에서 주는 단순한 즐거움에 빠지기 쉽다.

3. 대인관계에 문제가 있다

부모와 친구 등 다른 사람과의 관계에 문제가 있는 아이들이 인터넷에 빠져들기 쉽다. 인간은 누구나 다른 사람에게 인정과 관심을 받고 우호적이며 따뜻한 사회적 관계를 유지하기를 원한다. 그러나 현실생활에서의 대인관계가 자기의 바람대로 되지 않거나 대인관계 자체에 불편함을 느끼는 아이들도 있다. 이들은 인터넷상에서 친구를 사귀어 정서적인 지지나 위로를 받음으로써 외로움을 해소할 수 있기 때문에 인터넷에 빠져든다. 또한 인터넷이라는 가상공간을 통해 다른 사람으로도 행동할 수 있는 다중 정체성으로 인해 실생활에서 억압된 감정과 자신의 감추어진 면을 표현하는 것이 가능하다. 그래서 실제 생활보다는 인터넷상의 대인관계에 더욱 몰입하게 된다.

4. 충동적이며 자기 통제력이 낮다

일반적으로 충동성이 높거나 자기 통제력이 낮은 아이들은 만족감을 얻을 때까지 참고 기다리지를 못한다. 기다림을 요구하는 현실에서의 만족감과는 달리 사이버 공간에서의 만족감은 즉각적으로 얻어지기 때문에 충동적이며 자기 통제력이 낮은 아이들은 인터넷 중독에 빠지기 쉽다.

자기조절력을 키워라

1. 인터넷 사용시간을 조절하자

건우는 소위 말하는 게임 폐인의 모습에 가깝다. 학교나 학원을 가는 시간과 잠자는 시간을 제외하고는 컴퓨터 앞에서 게임을 하며 시간을 보낸다. 학교나 학원에서도 어서 빨리 집에 가서 게임을 하고 싶다는 생각뿐이다.

▶ 하루 일과표를 작성해서 나의 인터넷 사용시간을 파악하자

건우가 컴퓨터를 하루에 얼마나 사용하고 있으며, 그 시간이 과연 본인이 생각하기에도 적정한지를 파악하기 위하여 일과표를 만들어 보기로 했다.

건우의 컴퓨터 사용시간표를 보니 학교나 학원 가는 시간을 제외하고는 거의 컴퓨터 앞에 앉아 있었다. 약 6시간 이상을 컴퓨터 앞에 앉아 게임을 하는 것이다. 하루에 게임을 하는 시간이 보통 아이들보다 현저히 많다는 것을 본인이 직접 확인할 수 있었다.

건우에게 가장 필요한 것은 시간관리 능력과 자기조절력을 기르는 것이다. 그 방법 중의 하나가 인터넷 사용점검표를 작성하는 것이다.

●	월	화	수	목	금	토	일
(오전)7시							
8시							
9시							
10시							
11시							
12시							
(오후)1시							
2시							
3시							
4시							
5시							
6시							
7시							
8시							
9시							
10시							
11시							
12시							
총 사용시간	6	6	2	7	6	9	9

느낀 점	

60

▶ **인터넷 시간을 스스로 통제하기**

　인터넷 사용점검표란 인터넷을 하기 전에 자신이 오늘 몇 시간을 할 것이고, '예상되는 방해요소'와 '해결방법'과 자기 나름대로의 '평가'를 하는 방법이다.

　– 나의 목표

　컴퓨터를 켜기 전에 먼저, 내가 오늘 인터넷을 사용할 시간을 정하여 기록한다. 처음부터 무리하게 목표를 정하는 것이 아니라 실현 가능한 목표를 정해야 한다.

　– 좋은 점

　목표로 정한 시간을 지킬 경우, 예전보다 남는 시간이 많아지는데 그 남는 시간에는 무엇을 할 것인가를 생각해 본다. 숙제를 할 수 있고, 책도 읽을 수 있고, 친구를 만날 수도 있다. 인터넷 사용보다 다른 긍정적인 대안들을 찾아보는 것이다.

　– 예상되는 방해요소

　자신이 생각하기에 인터넷을 하고 싶게 만드는 것들에는 무엇이 있는지 생각해 본다.

	나의 목표	좋은 점	예상되는 방해요소	나의 대책	평가 (○,△,×)
월	인터넷을 2시간만	밀린 학습지 과제 완성	컴퓨터를 보면 게임이 하고 싶어진다	도서관에 간다	○
화					
수					
목					
금					
토					
일					

– 나의 대책

인터넷을 정한 시간 이상으로 하고 싶은 충동이 들었을 때 나는 어떻게 극복할 것인지 구체적인 방법을 적는다.

– 평가

잠자리에 들기 전에 내가 오늘 제대로 지켰는지를 점검하는 것이다. 잘 지켰으면 ○, 보통이면 △, 지키지 못했으면 ×로 표시하면 된다.

만약 건우와 같이 인터넷이나 게임으로 인해 일상생활을 제대로 하지 못한다면, 위와 같이 오늘 하루 인터넷을 몇 시간 할 것인지 미리 계획과 약속을 하고, 이를 제대로 지키는지 자기 나름대로 평가를 해 보는 습관이 필요하다. 또한 주변 환경에서 방해요소를 미리 차단해 두는 것도 좋다. 예를 들어, 공부방에 컴퓨터가 있어서 공부에 방해가 된다면 컴퓨터를 거실로 옮긴다거나, 아예 컴퓨터를 할 수 없는 도서관 같은 장소로 가서 공부를 하는 방법 등이 있다.

▶ **인터넷 때문에 발생한 문제가 무엇인지 깨닫자**

인터넷은 쉽게 접할 수 있고, 많은 정보를 얻을 수 있다는 긍정적인 면도 있지만 이를 지나치게 사용하면 마냥 좋은 것만은

인터넷 사용의 장점과 단점을 생각해 봅시다

장점	단점

아니라는 사실을 인정해야 한다.

내가 계속 지금 상태로 인터넷을 사용하게 될 경우, 앞으로 어떤 결과가 올지에 대한 생각을 한번쯤은 해봐야 한다. 그리고 인터넷 사용의 장점과 단점은 무엇인지, 인터넷으로 인해 다른 사람과의 갈등은 없는지에 대해 생각해 보는 시간을 갖는 것이 좋다.

인터넷 사용의 장·단점을 이해하는 것은 중요하다. 무분별한 사용으로 인해서 신체적·심리적 건강에 나쁜 영향을 끼친다는 것을 스스로 인정해야 한다. 또, 건우는 지나친 인터넷 사용으로 인해 가족과 싸우는 일이 많아졌다. 부모님과 누나와 다투는 이유도 컴퓨터 사용 때문에 그렇다고 적었다. 본인 스스로가 이렇게 적어 보니까 가족과의 갈등이 바로 자신의 지나친 컴퓨터 사용 때문이란 것을 한눈에 알 수 있었다.

인터넷(게임)사용과 관련하여 가족간에 생긴 문제는 무엇이었나요?

부모님과의 문제	형제자매와의 문제	다른 사람(친구 등)과의 문제

▶ **인터넷보다 더 재미있는 것을 찾아보자**

인터넷 게임에 빠진 아이들을 보면, 오프라인에서 친구를 만나는 것보다 게임이 더 재미있다고 이야기하는 경우가 많다. 또 특별히 좋아하는 취미활동이 없다고 한다. 왜 그럴까? 밖에서 노는 것보다 방 안에서 인터넷 게임을 하는 게 더 좋은 이유는 대체 무엇일까? 사실 게임을 하다 보면 당장 반응이 온다. 즉 뭘 하나 하면 레벨 업이 되면서 자신의 활동에 만족감과 성취감을 동시에, 그것도 바로바로 얻을 수 있다. 그러니 밖에서 하는 활동은 지루할 뿐이다.

건우의 여가시간 활용은 오로지 컴퓨터 사용이다. 그래서 건우에게 온라인 세상보다 오프라인 세상에서 재미있는 활동에는 무엇이 있을지 생각하는 시간을 갖게 하였다. 건우는 컴퓨터를 하는 것 말고는 하고 싶은 게 축구나 줄넘기, 농구와 같은 운동이나 영화 보는 것이라고 했다.

가장 빨리 자신의 새로운 결심대로 할 수 있는 것으로 혼자 할 수 있는 줄넘기를 택했다. 아침에 일어나자마자 컴퓨터를 하던 습관에서 벗어나 씻고 난 뒤에 줄넘기를 하고 학교에 가기로 했다. 이렇게 변화를 택한 건우의 모습에 가족들도 더 이상 간섭을 하지 않게 되었다.

인터넷 중독에서 벗어난 아이들의 혼공 학습법

1. 무엇이 문제인가를 파악하라

- 부모님이 꾸중하는 것을 단지 잔소리로 받아들이지 마라.
- 자신의 일과를 스스로 정리해 보면 무엇이 문제인지 알 수 있다.

2. 스스로 인터넷 시간을 조절하라

- 하루의 일과를 보면 인터넷으로 보내는 시간을 파악할 수 있다.
- 처음부터 아예 인터넷을 끊는 게 아니라 조금씩 목표를 정해서 시간 관리를 하자.

3. 밖에서 활동하는 취미를 만들어라

- 방 안에서 컴퓨터와 함께 있으면 참기 어려운 건 당연하다.
- 평소에 하고 싶었던 것 중 가급적 밖에서 하는 취미를 실천으로 옮기는 게 좋다.

나는 인터넷에 얼마나 중독되었을까?

다음은 한국형 인터넷 중독 자가진단검사(K–척도)입니다. 다음의 항목을 읽고 자신에게 가장 가깝다고 생각하는 번호에 표 하면 됩니다.

	문항	전혀 그렇지 않다	그렇지 않다	보통 이다	그렇다	항상 그렇다
01	인터넷 사용으로 인해서 생활이 불규칙 해졌다.	1	2	3	4	5
02	인터넷 사용으로 건강이 이전보다 나빠진 것 같다.	1	2	3	4	5
03	인터넷 사용으로 학교 성적이 떨어졌다.	1	2	3	4	5
04	인터넷을 너무 사용해서 머리가 아프다.	1	2	3	4	5
05	인터넷을 하다가 계획한 일들을 제대로 못한 적이 있다.	1	2	3	4	5
06	인터넷을 하느라고 피곤해서 수업시간에 잠을 자기도 한다.	1	2	3	4	5
07	인터넷을 너무 사용해서 시력 등에 문제가 생겼다.	1	2	3	4	5
08	다른 할 일이 많을 때에도 인터넷을 하게 된다.	1	2	3	4	5
09	인터넷 사용으로 인해 가족들과 마찰이 있다.	1	2	3	4	5

10	인터넷을 하지 않을 때에도 하고 있는 듯한 환상을 느낀 적이 있다.	1	2	3	4	5
11	인터넷을 하고 있지 않을 때에도, 인터넷에서 나오는 소리가 들리고 인터넷을 하는 꿈을 꾼다.	1	2	3	4	5
12	인터넷 사용 때문에 비도덕적인 행위를 저지르게 된다.	1	2	3	4	5
13	인터넷을 하는 동안 나는 가장 자유롭다.	1	2	3	4	5
14	인터넷을 하고 있으면, 기분이 좋아지고 흥미진진해진다.	1	2	3	4	5
15	인터넷을 하는 동안 나는 더욱 자신감이 생긴다.	1	2	3	4	5
16	인터넷을 하고 있을 때 마음이 제일 편하다.	1	2	3	4	5
17	인터넷을 하면 스트레스가 모두 해소되는 것 같다.	1	2	3	4	5
18	인터넷이 없다면 내 인생에 재미있는 일이란 없다.	1	2	3	4	5
19	인터넷을 하지 못하면 생활이 지루하고 재미가 없다.	1	2	3	4	5
20	만약 인터넷을 다시 할 수 없게 된다면 견디기 힘들 것이다.	1	2	3	4	5
21	인터넷을 하지 못하면 안절부절 못하고 초조해진다.	1	2	3	4	5
22	인터넷을 하고 있지 않을 때에도 인터넷에 대한 생각이 자꾸 떠오른다.	1	2	3	4	5

23	인터넷 사용 때문에 실생활에 문제가 생기더라도 인터넷 사용을 그만두지 못한다.	1	2	3	4	5
24	인터넷을 할 때 누군가 방해를 하면 짜증스럽고 화가 난다.	1	2	3	4	5
25	인터넷에서 알게 된 사람들이 현실에서 아는 사람들보다 나에게 더 잘해 준다.	1	2	3	4	5
26	온라인에서 친구를 만들어 본 적이 있다.	1	2	3	4	5
27	오프라인에서보다 온라인에서 나를 인정해 주는 사람이 더 많다.	1	2	3	4	5
28	현실보다 인터넷에서 만난 사람들을 더 잘 이해하게 된다.	1	2	3	4	5
29	실제 생활에서도 인터넷에서 하는 것처럼 해 보고 싶다.	1	2	3	4	5
30	인터넷 사용시간을 속이려고 한 적이 있다.	1	2	3	4	5
31	인터넷을 하느라고 수업에 빠진 적이 있다.	1	2	3	4	5
32	부모님 몰래 인터넷을 한다.	1	2	3	4	5
33	인터넷 때문에 돈을 더 많이 쓰게 된다.	1	2	3	4	5
34	인터넷에서 무엇을 했는지 숨기려고 한 적이 있다.	1	2	3	4	5
35	인터넷에 빠져 있다가 다른 사람과의 약속을 어긴 적이 있다.	1	2	3	4	5
36	인터넷을 한번 시작하면 생각했던 것보다 오랜 시간을 인터넷에서 보내게 된다.	1	2	3	4	5

37	인터넷을 하다가 그만두면 또 하고 싶다.	1	2	3	4	5
38	인터넷 사용시간을 줄이려고 해 보았지만 실패했다.	1	2	3	4	5
39	인터넷 사용을 줄여야 한다는 생각이 끊임없이 들곤 한다.	1	2	3	4	5
40	주위 사람들이 내가 인터넷을 하면 너무 많이 한다고 지적한다.	1	2	3	4	5

결과 알아보기

총점이 80점 이하이면 일반사용자, 100~120점이면 잠재적 위험 사용자, 140점 이상이면 고위험 사용자이다. 단 특별한 문항에 대한 해석은 특별한 그 문항에 대한 반응이 1에 가까우면 인터넷에 푹 빠져 있지 않은 일반사용자로 판단되고 4에 가까우면 인터넷에 푹 빠져 있는 고위험 사용자로 볼 수 있다.

목표가 없어 공부할 이유를 모르는 아이

딱히 하고 싶은 게 없어요

학교 가기가 지옥 같던 중학교 2학년인 서연이는 온라인 수업이 시작되면서 오히려 활기차 보였다. 서연이에게 학교란 하루 종일 수업과 자율학습, 모든 게 공부 위주로 돌아가는 그런 곳에서 왜 시간과 힘을 허비해야 하는지 회의감이 들기 때문이다. 가끔은 친구들에게 물어보기도 한다. 왜 공부를 해야 하는지.

대부분은 원하는 대학을 가기 위해서, 혹은 장래에 어떤 직업을 갖기 위해서 등 어느 정도 자신의 미래를 그리며 목표를 가지고 있는 듯했다. 공부가 그런 장래의 목표를 위한 것이라면 더더욱 자신에게는 공부가 필요 없다는 생각이 강하다. 왜냐하면 서연이는 아무리 생각해도 딱히 하고 싶은 것, 되고 싶은 것이 없기 때문이다.

물론 서연이가 처음부터 공부를 싫어했던 것은 아니다. 중학교 1학년 때까지만 해도 공부를 꽤 잘했다. 아이들이 가장 어려워하는 과목인 영어와 수학도 남들보다 잘해서 쉬는 시간엔 수학문제를 풀어 달라는 아이들로 서연이 자리는 북적거리곤 했으니 말이다.

그런데 중학교 2학년이 되면서 서연이는 갑자기 공부에 흥미를 잃어버리게 되었다. 밤을 새워 시험 공부를 하던 자신에게 불현듯 왜 공부를 해야 하는가 라는 질문을 던진 것이다. 좋은 점수를 얻기 위해서, 부모님께 칭찬을 듣기 위해서 라는 답으로는 왠지 많이 부족한 느낌이 들었다.

'공부를 왜 해야 하는지'로 시작된 질문은 '대학은 왜 가야 하는지'로 이어지며 만족할 만한 답을 찾지 못하자 갑자기 모든 것에 회의감이 몰려왔다.

지금 필요한 것은 목표의식

사람이 공부든 일이든 열심히 하기 위해서는 반드시 필요한 것이 있다. 바로 목표의식이다.

목표의식이란 앞으로 자기가 어떠한 일을 하고 싶다고 하는 개인적인 욕구이다. 공부를 하는 학생에게 있어 이러한 목표의식은 학습에 대한 동기유발이 되므로 목표의식은 공부의 길잡이 역할을 하는 것이다. 그런데 이러한 목표의식은 개인에 따라 그 정도가 다르며 목표의식의 높고 낮음에 따라 학습에 임하는 태도도 달라진다.

목표의식이 높은 학생

- 자신이 세운 목표를 이루었을 때의 만족감을 상상하며 항상 자신을 다잡는다.
- 미래 자신의 모습에 관심이 많다.
- 목표를 달성했을 때의 짜릿함이 어떤 감정인지 쉽게 잊어버리지 않는다.
- 새로운 도전에 부딪히면 어려움보다는 예전의 성취감과 보람을 먼저 떠올린다.

목표의식이 낮은 학생

- 계획보다 그날그날의 기분에 따라 학습의 내용과 분량이 바뀐다.
- 행동에 일관성이 없다.

- 주먹구구식 공부를 통해 그날 의무적으로 주어진 과제만을 겨우 수행할 뿐이다.
- 학습계획을 짜야 할 필요성조차 느끼지 않는 경우가 많다.

어느 날 서연이는 학교에서 적성검사를 한 적이 있었다. 적성검사를 한 서연이는 그 결과가 생각보다 자신과 잘 맞게 나왔다고 느끼면서 자신의 미래에 대한 작은 호기심이 생겼다. 시험을 치면 항상 친구들이 어려워하는 수학에서 가장 높은 점수가 나왔고 게다가 적성검사의 결과까지 그것과 맞아떨어졌던 것이다. 그래서 서연이는 정말 자신이 수학에 특별한 재능을 가진 것이 아닌가 라는 생각이 들었고, 그렇다면 과연 수학을 잘하는 자기에게 맞는 직업은 무엇일까 고민하게 되었다.

이렇게 직업에 대한 구체적인 고민을 하기 시작하자 지금처럼 아무런 목표 없이 되는대로 공부를 하다가는 남은 학창시절이 너무나 무의미하고 힘들겠다는 생각이 들었다.

서연이는 갑자기 이런 저런 것들이 궁금해지기 시작했다. 목표를 어떻게 찾아야 하는지, 수학을 잘하는 자신에게 맞는 직업은 무엇인지, 자신에게 다른 소질은 없는지. 주위의 친구들은 자신의 장래 희망을 적어놓고 그것이 되겠다고 열심히 공부하고 무언가를 향해 달려가는데 자신도 자신만의 것을 찾아야겠다는 생각이 든 것이다.

목적의식을 가져라

1. 나를 알고 나니 목표가 생겼어요

서연이는 우선 자신의 성향이 어떠한지, 적성은 어떠한지, 무엇에 흥미가 있는지 알아보고 싶었다. 그래서 학교에서 실시한 적성검사 결과를 다시 찬찬히 살펴보았다. 수학과 관련된 점수가 높았으며 그에 알맞은 전공과 직업 등도 제시되어 있었다.

"불현듯 내가 어떤 사람인지, 무엇을 좋아하는지, 또 무엇을 잘하는지, 그런 나에게 맞는 직업은 무엇인지 알고 싶어졌어요. 이렇게 관심을 갖고 둘러보니 의외로 나를 찾기 위해 할 수 있는 검사도구가 많더라고요. 그것도 공짜로요."

▶ 각종 검사 도구를 적극 활용하라

서연이는 학교 상담실에서 소개해 준 온라인 사이트를 통해 여러 가지 심리검사를 실시해 보았다. 적성검사, 흥미검사, 성격검사, 가치관검사 등 자신을 알 수 있는 검사들을 해 보았다.

서연이의 성격은 탐구적이며 예술적인 성격으로 나왔다. 관련 설명을 쭉 읽어 보니 자신이 생각하기에도 맞는 것 같았다. 그리고 관련 계열로는 이학계열과 공학계열의 점수가 많이 나왔다. 이학계열과 공학계열의 직업 중에서 서연이는 교사와 건

축설계사가 마음에 들었다. 그중에서도 미적 감각을 살리며 수학적 능력도 발휘할 수 있는 건축설계사에 더 관심이 갔다.

▶ 주변 사람들에게 나에 대해 물어라

검사 후 서연이는 자신에 대해 깊이 생각해 보는 시간을 가졌다. 무엇보다도 자신이 무엇을 할 때 가장 행복한지에 대해서 진지하게 생각해 보았다. 그리고 가족들과 친구들에게 자신이 무엇을 잘하는 것 같은지, 자신의 성격은 어떤 것 같은지 물어보기도 했다.

친구들은 서연이가 어려운 수학문제를 이해하기 쉽게 잘 설명해 준다고 말했다. 부모님은 서연이가 어렸을 때부터 새로운 것을 좋아하며 무언가에 도전하는 것을 좋아했다고 말해 주셨다.

▶ 직업에 대해 알고 내게 맞는 직업을 찾아라

서연이는 다음으로 자신이 하고 싶은 일을 찾기 위해 구체적으로 어떠한 직업이 있는지 알아보기 시작했다. 부모님과 함께 워크넷과 커리어넷 등의 온라인 사이트를 방문하여 직업에 대해 검색하며 그 내용을 정리해보았다.

서연이는 전공과 직업에 대해 알아보면서 자신의 적성과 성향에 맞는 직업을 연결해 보았다. 가장 먼저 떠오른 직업은 '수학 선생님'이었다. 이것은 심리검사 때 자신에게 맞게 나왔던 '교사'라는 직업과 일치하였다. 그 다음으로 떠오른 직업 역시 심리검사 때 자신의 관심을 끌었던 '건축설계사'였다. 그밖에도 마음에 드는 직업이 몇 있었다.

▶ **구체적인 정보를 얻기 위해 움직여라**

서연이는 제대로 된 정보를 얻기 위해 수학선생님께 달려갔다. 자신이 수학선생님이 되고 싶은데 지금 어떻게 준비해야 되는지 여쭈어 보았다. 선생님은 서연이를 격려해 주며 수학선생님이 되기 위해서 실제로 어떻게 해야 하는지 구체적인 방법도 알려 주셨다. 그리고 학생들을 가르치면서 느끼는 즐거운 일, 보람된 일, 때론 힘든 점들까지 상세히 들려 주셨다.

2. 내 삶을 계획하고 점검하자

"그동안 제가 하루하루를 어떻게 보내고 있었는지 시간표에 어제까지의 나를 그려봤어요. 낭비하는 시간이 많았더라고요. 계획을 다시 세웠죠. 수학선생님이 되기 위해서는 열심히 공부해야 하니까요."

▶ 계획은 가능한한 세부적으로 짜라

서연이는 계획표를 짜기 시작했다. 공부할 이유가 생겼기 때문이다. 먼저 자신의 꿈을 적은 종이를 책상 앞에 붙여 놓았다. 그리고 연간 계획표와 월간, 주간계획표를 짰다. 그리고는 하루 24시간을 어떻게 사용해야 할지 고민하기 시작하였다. 얼마 남지 않은 시간을 되도록 낭비 없이 짜임새 있게 보내고 싶었기 때문이다.

서연이는 그동안 소홀히 했던 과목들부터 다시 정리해야겠다는 생각이 들었다. 그 계획을 세분화하여 월마다 해야 할 큰 일들을 적었다. 그리고 주간 계획표를 통해 그러한 계획을 보다 구체화하였다. 매일의 시간표는 서연이가 시간을 낭비하지 않고, 중요한 일을 먼저 하도록 하는 데 도움이 되었다.

▶ 스스로 점검하고 반성하라

서연이는 자신의 계획표를 잘 보이는 곳에 붙여 놓고 하루하루를 계획대로 실천했는지 스스로 점검한다. 그리고 잘 안된 부분이 있다면 반성하고 다시 실천하려 애쓴다. 그리고 무리한 계획이라면 수정해서 다시 실천하려 한다.

공부 안 한다고 잔소리를 늘어놓던 엄마도 이제 스스로 계획을 세우고 점검까지 해가는 서연이가 놀랍기만 하다. 엄마는 이제 더 이상 서연이에게 공부를 했는지 물을 필요도 없다. 책상 앞에 붙어 있는 계획표만 보고도 서연이가 어느 시간에 얼마만 큼 공부를 했는지 알 수 있기 때문이다.

서연이는 자신의 목표를 찾은 후부터 눈에 띄게 달라졌다. 전에는 선생님이나 부모님의 지시에 의해 이끌려가던 서연이었 다면 이제는 본인 스스로가 삶의 주인이 되었다.

3. 마음가짐이 달라지면 공부가 즐거워진다

서연이는 목표가 생기고 마음가짐이 달라지니 공부가 즐거 워지기 시작했다. 수학선생님이라는 목표를 향해서 한걸음 한 걸음 나아가고 있기 때문이다. 이렇게 목표가 확실해지고 그 목 표를 이루기 위해 열심히 공부하는 서연이를 보며 친구들은 신 기해한다.

▶ **달라진 수업태도는 성적을 향상시킨다**

"서연이가 달라졌어요. 수업시간에 졸려하고, 왜 공부해야 하는지 모르겠다며 삶을 지루해 하던 서연이가 수학선생님이 되겠다는 목표를 세운 후부터 수학은 물론이고 다른 과목들도 열심히 공부하거든요. 꿈이 생긴다는 게 이렇게 사람을 변화시 킬지 몰랐어요."

서연이의 변화는 수업태도에서도 분명하게 나타난다. 수업 중 선생님의 말씀을 놓치지 않으려는 눈빛과 손놀림, 적극적인 질문 그리고 쉬는 시간을 활용한 수업 준비 등 예전과는 다르게 활기찬 모습이다. 달라진 수업태도는 집중력을 높여 주었고 그 결과 성적이 오르는 것은 어쩌면 당연한 일이다. 그동안 서연이는 수학을 제외하곤 시험 때 벼락치기 식으로 공부를 했다. 그래서 성적도 수학만 90점대일 뿐 다른 과목은 간신히 70점을 넘기는 정도였다. 그러나 이제 그날그날의 시간표에 따라 예습과 복습을 하고 시간을 아껴 쓰며 나아가다 보니 모든 과목에서 90점을 넘게 되었다.

▶ 일상생활도 스스로 계획하고 점검한다

이렇게 스스로를 계획하고 통제하는 것은 서연이의 생활에도 변화를 가져왔다. 서연이는 일주일에 3일은 평소보다 30분 더 일찍 일어나 아파트 주변을 걷거나 뛴다. 그리고 편식이 심하던 식성도 스스로 채소반찬과 잡곡밥을 챙겨 먹을 정도로 달라졌다.

부모님은 서연이의 달라진 태도가 놀랍기도 하고 대견하기도 하다. 매사에 의욕이 없던 서연이가 어느 날 갑자기 자신을 발견하고 싶다며 자신이 어떤 사람인지 물어올 때만해도 부모님은 서연이가 이렇게까지 달라질 줄 몰랐으니 말이다.

자신에 대해 올바로 아는 것은 미래의 자신을 예측하게 하여 목표를 설정하는 데 도움을 준다. 서연이는 자신을 올바르게 파악하는 과정을 통하여 '수학 선생님'이 되고 싶다는 목표를 세우고, 공부시간을 계획하고 평가해 가며 목표를 향하여 한걸음씩 나아가고 있는 것이다.

인터넷 중독에서 벗어난 아이들의 혼공 학습법

1. 목표를 분명히 하라

- 중학생은 고등학교 진학에 관해 인문계, 실업계, 예체능계 등 방향을 정하라.

- 고등학생은 대학, 전공, 졸업 후 취업에 대한 구체적인 방향을 정하라.

2. 자신을 알라

- 목표를 세우기 위해서는 자신의 모습과 자신의 잠재적인 능력을 알아야 한다.

- 자신의 적성과 성향, 흥미 등을 알아야 자신에게 맞는 일을 찾을 수 있다.

- 심리검사는 자신을 아는 데 많은 도움이 된다.

3. 직업을 알라

- 현존하는 직업, 새로 생겨나는 직업 등 다양한 직업의 종류를 알아보자.

- 각각의 직업이 하는 일과 전망 등 직업에 대한 정보를 다방면에서 수집해 보자.

- 좀 더 현실적인 정보를 위해 해당 직업의 사람을 찾아가 얘기를 나눠 보는 것도 좋다.

4. 계획표를 짜라

- 계획표는 자신의 목표에 맞추어 짜되 되도록 구체적으로 짠다.
- 목표를 세우고 일 년의 큰 계획과 월간 계획과 주간 계획, 하루의 계획까지 세워 두자.

5. 스스로 점검하라

- 계획을 세우는 것 못지않게 '스스로' 점검하는 것도 중요하다.
- 자신과 약속한 것을 잘 지켰는지 체크하다 보면 시간을 효과적으로 활용하게 된다.

나의 목표의식 정도는?

다음은 여러분의 목표의식과 그것을 이루기 위해 계획과 시간을 얼마나 잘 관리하는지 알아보기 위한 것입니다. 각 문항을 차례대로 읽으면서 평소 여러분의 생각이나 느낌에 일치하는 곳에 표 하면 됩니다.

	문항	전혀 그렇지 않다	그렇지 않다	보통 이다	그렇다	항상 그렇다
01	장래에 꼭 이루고 싶은 인생의 목표가 있다.	1	2	3	4	5
02	목표를 달성하는 데 공부가 필요하다고 생각한다.	1	2	3	4	5
03	미리 공부할 분량과 목표를 정해두고 공부한다.	1	2	3	4	5
04	이번 학기 동안 어떤 공부를 얼마나 할지 과목별로 학습목표를 정했다.	1	2	3	4	5
05	공부를 열심히 해야 하는 나만의 명확한 이유가 있다.	1	2	3	4	5
06	공부를 할 때 궁금한 점이나 의문이 생기면 자세히 파고드는 편이다.	1	2	3	4	5
07	시험공부를 하는 이유는 공부한 결과를 점검하기 위해서이다.	1	2	3	4	5
08	누가 시키지 않아도 스스로 혼자 공부할 때가 있다.	1	2	3	4	5
09	책을 읽을 때 집중하는 편이다.	1	2	3	4	5

10	진로에 대해 확실한 나만의 생각이 있다.	1	2	3	4	5
11	진로에 대하여 부모님과 나의 의견차를 조율하기 위해 충분히 대화하고 있다.	1	2	3	4	5
12	주변에 나의 진로에 대해 의논할 대상이 있다.	1	2	3	4	5
13	나의 적성과 능력을 잘 알고 있는 편이다.	1	2	3	4	5
14	직업을 반드시 가져야 한다고 생각하고, 관심 있는 직업이 있다.	1	2	3	4	5
15	내가 하고 싶은 직업에 대해 많은 정보를 가지고 있다.	1	2	3	4	5
16	주어진 시간에 계획한대로 학습과제를 마치는 경우가 많다.	1	2	3	4	5
17	내가 이용 가능한 시간을 고려해서 매주 학습계획을 세운다.	1	2	3	4	5
18	공부계획을 세울 때 내가 공부하는 속도를 계산할 수 있다.	1	2	3	4	5
19	나만의 계획표를 만든다.	1	2	3	4	5
20	계획을 세우고 실천한 결과를 되돌아 본다.	1	2	3	4	5
21	공부를 계획할 때 우선순위를 정하는 편이다.	1	2	3	4	5
22	계획한 일을 마치지 않으면 마음이 편하지 않다.	1	2	3	4	5
23	학생이 공부를 하는 것은 매우 중요하다고 생각한다.	1	2	3	4	5

24	학교에서 배운 내용은 대부분 쓸모 있는 것이라고 생각한다.	1	2	3	4	5
25	공부를 해야 똑똑한 사람이 될 수 있다고 생각한다.	1	2	3	4	5
26	공부를 잘하면 성공할 확률이 높아진다고 생각한다.	1	2	3	4	5
27	공부는 나를 위해 하는 것이라고 생각한다.	1	2	3	4	5
28	공부를 하면 인생에서 얻을 수 있는 것이 많다고 생각한다.	1	2	3	4	5
29	공부 잘하는 친구를 보면 부럽다.	1	2	3	4	5
30	공부가 시험만을 위한 것이라고 생각하지 않는다.	1	2	3	4	5

결과 알아보기

각 영역별 문항의 점수를 더하여 각 영역, 즉 목표의식(9), 진로성숙(6), 계획관리(7), 공부당위성(8)의 문항 수로 나누어 평균을 구한다. 각 영역의 평균이 3점이 넘으면 그 영역의 특성이 높은 편이라고 볼 수 있다.

	문항번호	평균
목표의식	1~9 (9문항)	
진로성숙	10-15 (6문항)	
계획관리	16~22 (7문항)	
공부당위성	23~30 (8문항)	

엄마의
인형이 되어
공부하는 아이

엄마의 꼭두각시

엄마들의 욕심은 과연 그 끝이 어디일까? 학교, 학원, 친구 관계까지 일일이 간섭하는 걸로도 모자라 우리의 모든 일상을 스케줄링 하려고 하신다. 엄마들의 이러한 지나친 자식 사랑에 지쳐가면서도 아이들은 의외로 엄마 말이면 꼼짝을 못하는 경우가 많다.

지우의 하루도 대부분이 엄마의 손끝에 달려 있다. 엄마는 지우의 공부를 직접 챙긴다면서 지우의 모든 일정을 계획했고, 지우는 그 계획에 무조건 따라야 했다.

학교에서 돌아온 지우는 엄마가 세워 준 스케줄에 따라 먼저 개인 수업을 밤 9시까지 들어야 하고, 그동안 엄마는 지우의 학과 과목을 혼자서 공부한다. 9시에 수업을 마치면 엄마는 개인 수업을 듣지 않는 과목, 즉 사회나 과학을 중심으로 직접 가르쳤다. 뿐만 아니다. 주말에도 쉬는 게 아니라 도서관에 가서 책을 빌리거나 서점에서 책을 사는데 이 또한 미리 엄마가 골라주신 책을 사야만 했다.

시험 기간이 되면 지우보다 엄마의 각오가 더 비장했다. 한마디로 전쟁을 치룬다는 각오로 시험에 임하는데, 시험 한 달 반 전부터 매일 어떤 과목을 어떻게 풀어야 할지를 세세하게 계획표를 만들어서 지우에게 보여 주었다. 그러다가 시험 기간이 눈앞에 다가오면 아예 '7시~9시까지 과학 문제집 풀이 및 오답 정리, 9시~11시까지 영어기출문제 풀이'식으로 세부적인 시간 관리까지 했다.

지우는 초등학교 때부터 늘 이렇게 공부해왔기 때문에 엄마의 스케줄에는 별다른 불만이 없다. 하지만 문제 푸는 방식이나 영어 단어 외우는 방법까지 일일이 관여를 하시니 드디어 지우도 조금씩 한계가 느껴졌다. 게다가 시험성적도 예전처럼 만족스럽게 나오지 않았다. 영어와 수학은 중간·기말 번갈아가며 10점 이상씩 떨어지는 상황도 생겼다. 이렇게 되자 엄마는 불안해하며 더욱 시험 준비를 위한 계획을 무리하게 세웠다.

지우는 점점 더 엄마의 인형처럼 공부하는 것이 부담스러웠고, 효율성도 떨어지는 것 같아 공부방식의 변화가 절실했다.

엄마의 넘치는 기대는
독이 될 수 있다

공부를 하면서 가장 많이 영향을 받는 것 중의 하나가 바로 부모님과의 관계이다. 내 행동이나 습관 그리고 공부까지도 부모님이 알게 모르게 끼치는 영향은 많다. 우리나라처럼 교육열이 높은 사회에서는 공부와 성적이 주는 부담과 압박이 대단하다. 거기에다 부모님이 거는 기대감에 대한 부담감과 스트레스까지 더하면 가출이나 자살까지 생각하는 아이들이 있을 정도로 심각하다.

물론 부모님의 기대나 관심이 무조건 나쁘다고 생각할 필요는 없다. 아예 무관심한 것보다 어느 정도 관심이 있어야 적당한 긴장감을 가질 수 있다. 부모님이 성적에 대해 관심을 가지는데 마음 편하게 될 대로 되라는 식으로 공부할 수는 없다.

그러나 문제는 부모님의 기대가 아이의 능력과 노력을 생각하지 않고 무조건 일등을 해라, 일류대학에 가야 한다는 식으로 무리한 요구를 할 때 부정적인 영향을 끼친다는 것이다. 또한 이렇게 지나친 기대를 보이는 부모님의 대부분은 공부를 하는 과정에서 보이는 노력보다는 성적이나 등수와 같은 결과에만 집착하는 경향이 있어 아이들을 더욱 힘들게 만든다. 그렇기 때문에 부모님의 관심과 기대가 아이에게 긍정적으로 작용하기 위해서는 공부의 결과가 아닌 과정에서 보이는 노력을 칭찬해 주고 격려해 주는 것이 필요하다.

자율성과 독립성을 키워라

1. 자신만의 학습법을 찾아라

지우는 중학교 2학년이 시작되면서 홀로서기를 선언했다. 이제는 더 이상 엄마의 도움에 의지하지 않고 스스로 계획을 세워 하겠다는 말에 엄마는 많이 당황했지만 지우의 결심이 너무나도 확고하다 보니 허락할 수밖에 없었다.

그러나 막상 엄마에게 홀로서기 선언은 했지만 지우도 어디서부터, 어떻게 시작해야 할지 몰라 난감했다. 그동안은 엄마가 모든 것을 세세하게 계획을 세워 주었지만 이젠 혼자 계획을 세워야 했다. 지우는 일단 서점에 가보기로 했다. 요즘에는 공부법과 관련된 책이 많이 나와 있으니까 그걸 참고하면 도움이 될 것 같았다.

그런데 지우는 막상 공부법에 관한 책을 읽고 나니, 공부법 책에서 말하는 수많은 방법을 모두 다 자신에게 적용시킨다는 것은 현실적으로 불가능할 뿐 아니라 효율성도 떨어질 것이라는 판단이 들었다. 대신에 자신에게 꼭 필요한 것들만 골라내어 가장 기본적으로 지켜야할 원칙을 세우기로 했다. 새롭게 시작하는 상황에서 가장 기본적인 것을 잘 지켜나간다면 다른 어떤 문제도 해결할 수 있을 것 같았다.

▶ 수업시간을 공략하자

지우는 수능 수석이나 하는 말로 들렸던 수업시간에 충실하자는 말이 이제야 와 닿았다. 공부를 잘하려면 무엇보다 수업시간에 더욱 집중하는 게 당연해 보였다. 우선 수업시간에 집중을 하기 위해서는 졸지 않고 선생님의 수업내용을 경청해야 하기 때문에 잠자는 습관부터 고쳐야 했다. 그동안 새벽 2시에나 잠자리에 들었던 것을 12시에 자는 것으로 바꾸었다.

또 어떤 수업이든 재미를 붙이는 것이 필요하다고 판단했다. 영어와 사회 과목은 평소에도 재미있어서 조는 경우가 드물었지만 과학시간에는 수업이 어려워서인지 지루하고 자기도 모르게 졸고 있을 때가 많았는데 이것을 고치기 위해 몇 가지 전략을 세워 보았다.

	나의 수업시간 방해 요인은?	그것을 극복하려면?
1	어젯밤 늦게까지 SNS를 했더니 너무나 피곤하여 집중이 잘 안 된다.	12시에는 무슨 일이 있어도 잠자리에 들기.
2	내가 좋아하는 유튜브 생방이 오후 2시에 하는데 자꾸만 선생님 몰래 듣고 싶어 집중이 잘 안 된다.	그 시간에 참고 집에 가서 인터넷을 통해 재청취하기.
3	내 자리는 운동장과 가장 가까이에 있는 창가이다. 덕분에 난 체육수업을 항상 하고 있는 듯한 기분이 든다.	다음 번 자리 뽑기에서는 꼭 안쪽으로 바꾸어야지.

– 적극적으로 듣고, 정확하게 이해하자

우선 듣는 자세에서부터 적극성을 가져 보자. 선생님의 수업 내용을 주의집중해서 듣고, 그 의미를 정확하게 이해하는 것이다. 과학시간에도 영어와 사회처럼 열심히 들을 때도 있었지만 그 의미를 정확하게 이해하는 것이 아니다 보니 자꾸 딴 생각에 빠져들 때가 많았다. 그래서 수업에 집중하고 이해하는 데 방해가 되는 게 무엇인지 정리해 보았다.

하나씩 정리를 해 보니 생각했던 것보다 수업에 방해가 되는 것들이 많았다. 그리고 그 방해 요인들은 충분히 지우가 해결할 수 있었던 것들이었다. 하지만 이제껏 별것 아니라고 생각했고 공부에 그리 큰 지장을 주지 않을 거라고 무시했던 것들이었다.

지우는 지금 당장 해결할 수 있는 1번과 2번을 실천에 옮기기로 결정하였다.

– 각 과목 선생님의 특징을 파악하자

지우는 단순히 수업을 집중해서 듣고, 필기를 열심히 하는 것만으로는 뭔가 부족하다는 생각이 들었다. 그래서 각 과목의 선생님이 취하는 행동과 지시어를 파악하기로 했다. 영어선생님은 중요한 부분을 설명하실 때 꼭 "자, ~~ 이해했지?"라는 말씀을 하셨다. 그리고 수학선생님의 경우에는 "마지막으로 이것은 꼭 알아야 하는 거야"식의 표현을 사용하셨다.

이처럼 지우는 각 과목별로 중요한 정보를 강조할 때 선생님들께서 사용하는 말이나 행동들을 자세히 관찰해 보았다. 과학선생님은 항상 중요한 부분을 설명하실 때 교탁을 탁탁 때리는 습관이 있고, 사회선생님은 목소리의 톤이 올라가시며 "결론적으로~"라는 말을 자주 사용한다는 것을 알게 되었다.

이렇게 선생님들의 습관을 파악해 두면 중요한 포인트를 정리하기 쉽고, 또 그런 특징을 찾기 위해 집중하다 보니 수업도 덜 지루해지는 효과도 있었다.

▶ 나의 하루를 마무리하자

지우는 잠자리에 들기 전 오늘 있었던 일을 정리하며 '10분

돌아보기'의 시간을 갖기로 했다. 지우는 영어와 수학 과외를 하고 나면 밤 9시가 된다. 그때부터 10시까지는 TV나 스마트폰을 가지고 노는 등 자유 시간을 가졌다. 그리고 10시부터 30분간은 그날 배웠던 수업내용을 정리했다. 또 영어와 수학 과외에서 배운 내용은 주말에 다시 복습하는 것으로 했다.

처음에는 귀찮기도 해서 친구들과 SNS로 노는 게 더 좋았지만 일주일을 꾹 참고 했더니 학교생활에서 변화가 생기는 것을 스스로 느낄 수 있었다. 꾸준히 복습을 해둔 덕분에 수업시간에 선생님의 질문에 가장 먼저 답을 할 수 있었고, 수업도 점점 재미있어졌다. 그리고 시험 때가 되어도 미리 공부해 둔 것이 많아서 부담도 덜했다. 그래서 엄마의 계획표가 아니라 지우 스스로 세운 계획에 따라 시험 준비를 할 수 있게 되었다.

2. 나 혼자 할 수 있어!

지우가 엄마로부터 독립해서 치른 첫 번째 시험 결과는 이전과 비교해볼 때 평균 91점에서 91.5점으로 점수에는 그다지 차이가 없었다. 물론 성적이 더 많이 올랐으면 좋았겠지만 그래도 지우는 혼자 시험 준비를 한 것을 생각하면 성적이 떨어지지 않은 것만으로도 충분히 만족스러웠다. 게다가 예전처럼 특정 과목의 성적이 심하게 떨어지지 않고 전 과목이 골고루 기대했던 성적이 나왔다는 것도 큰 성과였다.

지우는 혼자 공부한 이후로 문제를 푸는 습관도 바뀌었다. 틀린 문제를 보면서 왜 틀렸는지 이해가 안 간 부분은 문제 옆에 기억해 두어야 할 내용을 기록했다. 이런 식으로 스스로 문제점을 파악하고, 고쳐나가는 습관을 가지니 기본 실력이 탄탄해짐은 물론이고 성적 또한 꾸준히 상승하는 효과를 볼 수 있었다.

"사실, 처음에 지우가 혼자서 공부를 해 보겠다고 했을 때 저는 많이 불안했어요. 그래서 지우 몰래 연습장을 뒤져 보며 정말 공부를 제대로 하는지 확인하기도 하고, 선생님께 자주 전화를 걸어 지우의 수업태도를 확인하곤 했죠. 지우가 혼자서 잘하고 있다는 걸 확인했는데도 결과가 나오기까지는 여전히 불안했어요."

시험결과는 엄마에게 놀라움을 안겨 주었다. 성적의 향상은 물론, 평소 뒤처지던 과목까지 골고루 좋은 점수를 받으니 이제 더 이상은 엄마가 고집을 피울 수 없다는 걸 깨달았다. 이제 엄마는 지우가 공부를 제대로 할 수 있는 환경을 제공해 주고, 생활을 돌보는 엄마 본연의 임무로 돌아가게 되어 더 좋은 것 같다고 말한다.

3. 혼자 공부하기의 최강 아이템은 바로 노트!

　지우가 엄마로부터 홀로서기를 선언한 이후 선택한 공부 전략은 수업시간에 집중하여 최대한의 정보를 얻는 것이었다. 그리고 집에 와서 수업시간에 배웠던 내용을 자기가 제대로 이해할 수 있도록 복습노트를 만들어서 간략하게 기록을 해 두는 것이다. 복습노트는 수업 내용 중 어떤 부분이 이해하기 어려웠는지 표시를 해 두기 때문에 그 부분을 집중적으로 공부할 수 있어서 매우 효과적이었다. 게다가 이 복습노트는 시험을 준비할 때에는 중요한 요점노트로 톡톡히 활용되었다. 또한 위의 복습노트를 반복하여 읽은 후 시험에 대비할 때에는 이와 관련된 문제집을 활용하였다. 문제집에서도 먼저 그 단원에 요약된 부분을 잘 읽고 보충해야 할 사항과 중요한 사항은 옆에 메모를 해 두었다.

　영어와 수학의 경우에도 복습은 철저하게 진행되었다. 수업시간에 배웠던 내용을 집에 와서 그와 관련된 문제를 찾아보고 노트에 직접 풀어 봄으로써 어려운 문장전환이나 문법적인 부분을 스스로 이해해 나갔다. 수학은 모르는 문제는 오답노트를 정리하였는데 노트의 오른쪽 상단에 한 번 틀릴 때마다 체크를 해나가며 체크된 부분이 많은 문제는 취약한 문제로 시험 때 한 번씩 더 확인을 했다.

스스로 공부할 수 있는 혼공 학습법

1. 잠자는 시간을 충분히 확보하라

- 처음부터 잠자는 시간을 줄이면서까지 공부시간을 정하는 것은 욕심일 뿐이다.

- 일과 중에 수업내용을 제대로 이해하기 위해서는 숙면을 취하는 습관을 가진다.

2. 수업시간에 열심히 듣는 것뿐만 아니라 이해하고자 노력하라

- 열심히 듣기만 한다고 수업을 충실하게 받았다고 할 수 없다.

- 적극적으로 듣는 것에서 이제는 이해하기 위한 노력을 해야 한다.

3. 수업에 방해되는 요인을 찾고, 극복방안을 마련하라

- 의외로 수업을 방해하는 습관이나 환경이 많다. 그게 무엇인가를 파악하여 정리하자.

- 방해 요인을 찾아내면 가장 먼저 고칠 수 있는 것부터 정해서 하나씩 고쳐나가자.

4. 선생님이 중요한 정보를 제시할 때 활용하는 말투나 행동을 찾아라

- 선생님의 행동이나 말버릇에서 중요한 내용을 강조할 때 다른 뭔가를 찾아보자.

- 독특한 행동이나 말투로 강조하는 것이 바로 시험에 나오는 것이다.

5. 매일 반성과 정리하는 시간을 가져라

- 스스로 공부할 때는 지금 내가 무엇을 하고 있는지를 알고 있어야 한다.
- 계획과 실천을 대조하면서 스스로를 점검하는 것이 중요하다.

부모님이 나에게 거는 기대는 어느 정도일까?

다음은 부모님이 나에게 거는 기대가 어느 정도인지를 알아보기 위한 체크리스트입니다. 각 문항을 차례대로 읽으면서 여러분의 생각이나 느낌에 일치하는 곳에 표 하면 됩니다.

	문항	전혀 그렇지 않다	그렇지 않다	보통 이다	그렇다	항상 그렇다
01	나는 대학에 못 들어가면 안 된다는 생각에 벌써 걱정이 된다.	1	2	3	4	5
02	내게 거는 부모님의 기대와 요구가 너무 커 부담스럽다.	1	2	3	4	5
03	부모님이 내 성적에 너무 신경 쓰셔서 부담스럽다.	1	2	3	4	5
04	나는 부모님이 늘 공부하라고 말씀하셔서 짜증이 난다.	1	2	3	4	5
05	부모님은 내가 완벽하기를 기대한다.	1	2	3	4	5
06	부모님은 나에게 높은 기준을 적용한다.	1	2	3	4	5
07	나의 부모님은 부모님의 공부 방식을 주장한다.	1	2	3	4	5
08	나는 학교성적이 조금만 떨어져도 부모님으로부터 심한 꾸중이나 벌을 받아야 한다.	1	2	3	4	5

09	우리 부모님은 나에게 공부가 제일 중요하다고 늘 말씀하신다.	1	2	3	4	5
10	우리 부모님이 나에 대해서 가장 관심을 갖는 것은 나의 학교성적이다.	1	2	3	4	5

결과 알아보기

각 문항의 점수를 더하여 문항 수(10)로 나눈 평균 점수를 구한다. 이 평균 점수가 대략 '3점' 사이일 경우 부모의 기대가 보통 정도를 의미하고 '4점'에 가까울수록 부모의 기대가 부정적인 영향을 준다고 판단할 수 있다.

전략 4

해도 해도
안되는 슬럼프에
빠진 아이

예전에는 올백이었는데 …

어렸을 때부터 영훈이는 주위에서 똑똑하다는 소리를 많이
듣고 자랐다. 학교에서 시험을 보면 거의 백점을 받아오니까 부
모님뿐만 아니라 친척이나 주위 사람들에게도 칭찬을 많이 들
었다. 영훈이는 특별히 학원이나 과외수업을 받은 것도 아니고,
집에 와서도 그다지 열심히 공부를 하지 않았는데도 불구하고
성적이 항상 좋게 나왔다. 이러다 보니 우쭐한 기분에 공부가
가장 쉬운 것이구나 생각한 적도 있었다.

부모님과 주위 친척들은 역시 영훈이가 머리가 뛰어나서 저

렇게 설렁 설렁 공부를 해도 성적이 좋게 나오는 것이라며 점점 더 기대감을 크게 가지게 되었다.

초등학교 때의 우수한 성적을 보면 당연히 중학교에 들어가 더라도 전교 1, 2등은 떼어 놓은 당상이고, 평소 부모님이 기대하고 계시던 특목고에 진학하여 일류 대학에 들어가는 것은 마치 당연한 일로 여겨졌다.

그러나 지금 중학생인 영훈이의 모습은 예전의 기대와는 거리가 멀다. 중학교에 입학하면서부터 성적은 점점 떨어지기 시작했고, 이제는 중위권에서 머물고 있다. 영훈이는 부모님께 성적표를 보여드리기가 정말 싫고 두려워졌다. 성적이 곤두박질치면서 학교생활도 지겨움 그 자체가 되어버렸다.

학습무기력에 빠지게 되는 이유

인간은 살아가는 동안 혼자서 해결할 수 없는 상황을 수없이 맞닥뜨리게 된다. 어려운 상황을 슬기롭게 극복할 수 있다면 좋겠지만, 반대로 문제를 해결할 수 없게 될 때 인간은 어쩔 수 없구나 하는 생각과 함께 자신의 무기력함을 탓하게 된다.

이런 무기력함은 공부에서도 나타난다. 이를 학습무기력이라고 하는데 성적이 좋지 않은 아이에게만 나타난다고 생각하기 쉽지만 그건 편견이다. 의외로 공부를 잘하는 아이들에게도 나타날 수 있는 현상이다. 더군다나 영재아로 확인된 아이들 역시 학습무기력으로부터 자유롭지 않다는 연구결과도 있다. 오히려 영재아들이 학습무기력에 빠지기 쉽다는 말도 있다.

공부를 남들보다 월등히 잘한다는 아이들이 학습무기력에 빠지는 이유는, 부모님이 아이에게 거는 기대가 너무 크기 때문이다. 아무리 다른 아이들보다 공부를 잘한다고 하지만 부모의 기대가 너무 높으면 과연 내가 그것을 충족시킬 수 있을까 하는 커다란 부담감 때문에 무기력한 상태가 되고 마는 것이다.

지나친 부모의 기대 외에도 지적능력의 결함, 신체적 허약, 부모의 무관심, 경제적 빈곤, 교사의 수업방식 등 학습무기력에는 여러 요인이 있는데 보통의 가정환경에서 태어나서 자란 아이들의 특징들을 살펴보면 다음과 같다.

1. 반복되는 실패와 어려움에 불안감을 느낀다

지나친 실패의 경험과 스스로 대처하기 어려운 상황은 학생들로 하여금 그 일을 어떻게 해결해야 할지, 또 잘 해낼 수 있을지에 대한 자신감을 잃게 만들 수 있다. 그래서 자신에게 주어진 문제를 효율적으로 대처하지 못하게 하고 주저앉게 만든다.

영훈이는 초등학교 때는 수업에만 집중하면 쉽게 좋은 성적을 올릴 수 있었는지 모르지만 중학교에 올라와서는 좀 더 많은 시간을 공부에 투자해야 했다. 그러나 초등학교 때와 달라진 게 없이 똑같은 시간과 노력으로 좋은 성적을 바란다는 게 애당초 그릇된 생각이었으며, 당연히 좋은 성적을 얻지 못했다. 아무것도 바뀐 게 없이 자꾸만 성적이 안 좋게 나오는 상황이 반복되자 결국 좌절감을 갖게 되었고, 학습무기력에 빠져버렸다.

2. 자신에 대한 통제를 제대로 하지 못하면 무기력이 발생하기 쉽다

어떤 상황이나 문제가 발생했을 때 자신을 통제하고 문제를 극복할 수 있다고 믿는 사람은 쉽게 무기력에 빠지지 않는다. 그러나 자신에 대한 통제가 부족하고, 또 무조건 외부에 의지하는 사람들은 쉽게 무기력에 빠지기 쉽다. 이런 사람들은 모든 문제의 원인을 운명이나 주변 환경의 탓이라고 생각하는 경향이 있다.

시험을 못 본 이유를 '공부를 열심히 하지 않아서 그래'라고 한 아이는 '다음 시험에는 좀 더 노력을 해서 내 실력을 보여 줘야지'라고 생각할 가능성이 높다. 하지만 '내가 시험을 못 본 이유는 원래 내가 못나서야'라고 생각한 아이는 '다음 시험도 별 볼 일 없지 뭐'라고 미리 포기해 버린다. 그러니 계속 성적이 좋지 않게 나올 수밖에 없다.

3. 주변의 환경이 무기력을 낳는다

무기력은 본인의 성격이나 의지뿐만 아니라 외부 환경에서 비롯되는 경우도 많다. 학교에서 수업내용을 이해하지 못하거나 흥미가 없고, 교사와 친구들과의 관계가 원만하지 않은 아이는 무기력에 빠지기 쉽다.

부모의 과도한 기대에 못 미치는 상황이 되었을 때도 그 자체를 하나의 실패로 받아들이는 아이들도 있다. 그래서 더 이상 부모를 만족시킬 수 없다는 생각에 앞으로의 노력도 필요 없다고 생각하게 되는 경우도 무기력의 한 형태이다.

공부에 의욕을 불러일으키자

1. 공부 자신감을 찾자

학습무기력은 선천적인 게 아니다. 영훈이를 보더라도 초등학교에 다닐 때는 공부를 썩 잘하는 우등생이었다. 그러나 중학교라는 새로운 환경에 적응하지 못하고 예전에 공부하던 습관을 고집하다가 원하는 만큼의 성적이 나오지 않게 되면서 점점 무기력에 빠지게 되었다.

자신감을 잃은 아이들에게 잘 하는 게 무엇이냐고 물어보면 대부분 "나는 아무것도 잘하는 게 없어요"라고 말한다. 이런 아이들은 스스로를 과소평가하거나 자기 비하가 심한 편이다. 열등감은 때때로 자극이 되어 자기 발전의 동기가 될 수도 있지만, 계속 열등감에 빠져 있으면 새로운 자극이나 발전에 대해 고민하는 것이 아니라 모든 걸 자포자기하는 상태까지 갈 수 있다.

그러나 누구든 단 한 가지라도 잘하는 게 있을 것이다. 어느 누구라도 살면서 작은 성공이라 할지라도 그것을 경험한 적이 있을 것이다. 그러나 무기력에 빠진 아이는 자신이 성공한 이유에 대해서도 자신이 잘해서가 아니라 그저 운이 좋았다거나 남들도 다 하는 것이라고 생각하는 경향이 크다.

이럴 때 중요한 것은 어떤 결과에 대해서 어떤 이유로 그렇게 되었는가를 제대로 알아야 한다는 점이다. 성공했든, 실패했든 자신의 노력이 어느 정도였느냐에 달려 있다는 것을 인정할 줄 알아야 한다.

"지금까지 성공했던 경험이요? 음, 제가 초등학교 다닐 때 시험에서 전부 백점 받았던 게 생각나요. 그땐 정말 기분이 좋았죠. 엄마도 너무 좋아하셨는데. 아, 그리고 형들과 농구해서 제가 넣은 슛이 많아서 우리 팀이 이긴 적이 있었는데 그때도 너무 좋았고, 제 자신이 뿌듯하더라고요."

영훈이는 상담을 통해 자신이 성공했던 경험을 다시 떠올렸고, 다시 그 때의 자신감을 기억해냈다. 그 다음부터는 학교에 가기 전이나 공부를 하기 전에 자신에게 자신감을 부여하기 위해 "난 잘 할 수 있다. 난 잘 해낼 수 있다"라고 자기최면을 걸었다. 예전에 잘 했기 때문에 지금도 조금만 노력하면 그때만큼 성적이 잘 나올 수 있다는 것을 스스로 믿게 하는 것이다.

부모님도 "예전에는 잘했는데 지금은 왜 그러니?" 라고 영훈이를 다그치기보다는 "영훈아. 넌 능력이 있는 아이니까 남들이 노력하는 것에 비해 조금만 노력해도 다 따라잡을 거야"라는 식으로 자신감을 불러일으켜 주는 것이 중요하다.

자신감은 공부를 할 때 가장 필요한 마인드이다. 하버드 대학에서 조사한 결과를 보면, 학생들이 공부를 잘하기 위해서 가장 중요하게 생각하는 것은 지능이나 환경보다는 자신감이라는 대답이 가장 많았다고 한다.

▶ 내가 공부하는 이유는?

아무리 뛰어난 능력이 있고 주위 환경이 좋아도 공부에 대한 의지가 없는데 좋은 성적을 기대한다는 것은 어불성설이다. 초등학교 저학년까지만 해도 수업시간에만 열심히 들어도 어느 정도의 성적은 나오지만, 고학년부터는 좋은 성적이 나오기 힘들다. 학년이 점점 올라갈수록 과목 수가 늘어나고, 내용도 어려워지면서 반드시 복습과 시험 준비에 전략을 세워 공부해야 하는 등 학습방법의 변화가 필요하다. 그런데 이런 변화를 불러일으킬 만한 동기나 이유가 없다면 아무런 변화도 기대할 수 없다.

– 난 왜 공부를 하는 걸까?

열심히 책상 앞에 앉아 책을 보고 있지만 왜 자신이 공부하는지 그 이유를 모르는 학생들이 많다. 나의 의지로 하는 게 아니라 부모님이나 선생님이 시켜서 한다거나, 또는 하지 않으면 혼나니까 어쩔 수 없이 한다는 아이들도 있다. 이와 반대로 공부가 너무 재미있고 즐거워서 한다는 아이들도 있다. 왜 이렇게 다를까.

누가 시켜서 하는 것은 공부뿐만 아니라 심지어 놀이라도 지겨울 수밖에 없다. 누가 이래라, 저래라 하면서 시킨다고 억지로 한다면 재미있을 리가 없다. 어떻게든 자신의 뜻과 의지에 따라 공부를 해야 재미있고 즐거운 법이다. 스스로의 의지로 하는 공부가 즐거워지면 아주 자연스럽게 일상적인 학습을 할 수 있게 된다. 영훈이에게 필요한 것은 바로 이렇게 혼자 스스로 하는 공부에 재미를 붙이는 것이다.

– 공부하는 이유를 생각해 보자

혼자서 연필을 물고 골똘히 '내가 왜 공부를 하는 거지?'라고 막연히 있는 게 아니라 자신의 모습을 진지하게 생각해 보고, 미래를 계획하는 차원에서 정리를 해 보자. 생각만 하는 것보다 직접 노트에 적어 보는 게 좋다. 생각이 마구 가지 뻗듯이 헤매는 게 아니라 뭔가 명확하게 정리하는 것이다.

- 나는 왜 공부를 해야 할까?
- 왜 학교에 다녀야 할까?
- 20년 후에 나는 어떤 모습을 하고 있을까?

이렇게 왜 공부를 하는지 생각을 하고 노트에 정리를 했다면 주위 친구나 가족과 함께 자신의 생각에 대해서 이야기를 해 보자. 혼자서 생각하는 것보다 객관적인 의견과 조언을 통해 공부를 해야 하는 이유를 좀 더 가다듬을 수 있을 것이다.

▶ 목표를 정하자

무슨 일을 하든 강한 목적의식이 있느냐와 없느냐의 차이는 바로 에너지를 얼마나 쏟아부을 수 있느냐와 관련이 있다. 공부를 해야 한다는 분명한 목적의식이 있으면 어떤 방해가 있더라도 공부를 하기 마련이다. '시험 때가 되었으니까 공부해야지' 하는 것과 구체적으로 '내가 이번 시험에서 5등 안에 들어야지' 하고 공부하는 것은 다르다.

학습무기력에 빠진 아이들은 자기가 커서 무엇이 되고 싶은

지, 또는 무엇을 할 것인가에 대해 거의 생각을 하지 않는다. 그런 생각을 하기엔 자기 자신에 대한 열등감과 좌절감이 너무 커서 미래를 생각할 수 없는 것이다. 그렇지만 분명 어릴 때부터 자신이 갖고 있는 꿈이 있을 것이다. 간절한 꿈은 아니더라도 평소에 생활하면서 조금이라도 흥미를 가지고 있는 분야가 있다면 그것을 매개로 해서 자신의 미래를 생각해 보자.

자기가 하고 싶은 것이 무엇이며, 20년 후에 나는 어떤 직업을 갖고 있을 것인가를 상상해 보자. 또 내가 원하는 직업을 갖기 위해서는 무엇을 준비해야 하며, 지금 당장 어떤 것을 해야 하는지에 대해서도 생각해 보자. 나의 꿈을 상상하는 것은 자신의 과거를 제대로 바라보게 하고, 앞으로 미래를 계획하고 준비할 수 있도록 도와준다. 이런 의미에서 목표는 꿈을 이루어가는 가장 훌륭한 도구이다.

학습무기력을 극복하는 혼공 학습법

1. 내가 학습무기력에 빠진 이유가 무엇인지 알아보자

- 주변 환경이나 자신에 대한 분석과 정리를 해 본다.
- 막연하게 생각하는 것보다 노트에 항목을 적어서 스스로 정리하는 게 낫다.

2. 왜 공부하는지 그 이유를 분명히 알자

- 지금 공부하는 게 외부, 즉 부모나 선생님의 요구에 의해서 하는 것인지 판단하자.
- 자신의 미래와 흥미를 가지고 있는 분야와 연관시켜 공부의 이유를 찾아보자.

3. 목표를 분명히 하자

- 목표가 불분명하면 공부하고자 하는 의지가 오래가지 못한다.
- 단기적인 목표와 20년 후의 목표를 구분해서 하나씩 달성해가자.

4. 미래의 내 모습을 상상해 보자

- 20년 이후의 나의 모습을 상상해 보자.
- 장기계획을 세우고 끝나는 것이 아니라 단기계획도 함께 세워야 한다.

나에게도 학습무기력이 있을까?

다음은 여러분의 학습무기력 정도를 알아보기 위한 것입니다. 각 문항을 차례대로 읽으면서 평소 여러분의 생각이나 느낌에 일치하는 곳에 표 하면 됩니다.

	문항	전혀 그렇지 않다	그렇지 않다	보통 이다	그렇다	항상 그렇다
01	나는 별로 필요 없는 사람인 것 같다.	1	2	3	4	5
02	나도 모르는 사이에 멍하니 있기를 잘 한다.	1	2	3	4	5
03	우울하다는 생각이 많이 든다.	1	2	3	4	5
04	다른 사람에게 자랑할 만한 것이 없다.	1	2	3	4	5
05	시작한 것을 끝까지 하기가 힘들다.	1	2	3	4	5
06	한 가지 일에 몰두하기가 힘들다.	1	2	3	4	5
07	노력의 대가로 얻어지는 일이 극히 드문 것 같다.	1	2	3	4	5
08	현재 나의 생활은 행복하지도 만족스럽지도 않다.	1	2	3	4	5
09	후회하는 일이 자주 있다.	1	2	3	4	5

10	나는 살아가면서 부딪힐 문제들을 처리하지 못할 것 같다.	1	2	3	4	5
11	어떤 일을 하기로 마음먹어도 실행하기가 힘들다.	1	2	3	4	5
12	나는 장점보다 단점이 훨씬 많다.	1	2	3	4	5
13	미래에 대해 생각해 본 적이 거의 없다.	1	2	3	4	5
14	친구 모임에 참석하는 것이 즐겁지 않다.	1	2	3	4	5
15	즐거운 일보다 슬픈 일이 더 많은 것 같다.	1	2	3	4	5
16	수업시간에 집중하기가 힘들다.	1	2	3	4	5
17	잘 안 되는 일이 있으면 운이 없어서 그런 것 같다.	1	2	3	4	5
18	나에게는 항상 힘든 일만 생기는 것 같다.	1	2	3	4	5
19	하고 싶은 것도 없고 할 자신도 없다.	1	2	3	4	5
20	노력을 해도 안 되는 일이 많은 것 같다.	1	2	3	4	5

결과 알아보기

각 문항의 점수를 더하여 문항 수(20)로 나눈 평균 점수를 구한다. 점수가 3점이 넘으면 학습무기력이 높은 편이라고 볼 수 있다. 총점이 높으면 학습무기력 증상이 높고, 점수가 낮으면 학습에 의욕과 자신감이 있다고 보면 된다. 특히 총점이 80점 이상이면 학습무기력에 빠져 있는 경우이다.

시험만 보면
불안해지는 아이

시험시간,
째깍째깍 하는 시계소리

"수학시험지만 보면 갑자기 머리가 하얘지고 아무 생각도 안나요. 분명 다 공부했던 문제인데 말이죠. 특히 시험 시간에 째깍째깍 하는 그 시계 소리! 그 시계 소리는 정말 공포 그 자체예요."

이제 막 고등학생이 된 시우는 중학교 2학년 때까지만 해도 수학시험을 치르고 집에 돌아오면 심한 허탈감에 빠졌다. 그도 그럴 것이 전날까지만 해도 잘 풀리던 수학문제들이 시험 시간만 되면 머릿속이 하얗게 되면서 아무것도 기억이 나지 않는 것이다. 시험시작을 알리는 선생님의 소리와 함께 등에선 식은 땀이 흐르기 시작하고 눈앞의 문제들은 서서히 흐려져갔다. 째깍째깍 시계소리는 종료시간 10분 전, 5분 전을 알리다 어느새 '시간 종료'를 외쳐댈 것만 같은 불안감을 준다. 결국 시험 시간 내도록 째깍째깍 소리에 맞춰 가슴이 콩닥콩닥, 안절부절 못하다가 백지시험지를 제출하곤 했던 것이다.

시우가 처음부터 수학 시험에 불안을 겪은 것은 아니었다. 초등학교 때는 칠판에 적힌 수학문제도 곧잘 풀어내어 선생님께 칭찬도 받았고 실제로 시험을 치러도 90점 이상의 성적은 가뿐했다. 중학교에 진학한 후 첫 수학 시험에서 시우는 예상치 못한 결과를 얻었다. '25점'이라는 말도 안 되는 점수를 받은 것이다. 성격이 느린 편인 시우는 무언가를 빨리 해내는 것보다는 성실하게 꾸준히 하는 편이었다. 천천히 하나하나씩 문제를 풀어나가기에는 시험 시간은 턱없이 부족했다. 그날 이후 시우는 수학시험만 치르면 알 수 없는 불안감이 밀려왔다.

"아니, 평소에는 수학문제를 차분히 잘 풀면서 시험만 치면 점수가 왜 이 모양이냐? 혹시 시험시간에 집중 못하고 딴 생각하는 건 아니니?"

시우는 부모님의 기대에 못 미치는 자신에 대한 실망이 더욱 커지게 되었다. 이런 일이 반복되다 보니 갈수록 자신감을 잃게 되고, 결국은 수학 공부에서 손을 놓고 말았다.

시험불안을 가진 아이들

불안이란 보통 긴장을 많이 하게 되는 상태를 말한다. 이러한 불안의 한 형태인 시험불안은 시험을 치를 때 자신이 원하는 만큼의 결과를 얻지 못할 것 같아 생기는 초조하고 긴장된 상태를 말한다. 그래서 어떤 이는 시험불안을 이전에 시험을 잘못 보았던 경험과 그때 갖게 되는 죄의식 그리고 부모의 꾸중에 대한 반발과 적대감 등으로 시험이나 평가 상황에서 본능처럼 나타나는 불안이라고 말한다.

시험 상황에서 대부분의 학생들이 일시적 불안감을 느끼지만, 그 불안감의 정도는 개인차가 있다. 즉 시험불안이 높은 사람은 시험과 같이 평가가 이루어지는 상황을 좀 더 강한 위협 상황으로 받아들이면서 남들보다 더 높은 불안감을 경험한다. 이러한 높은 시험불안은 단지 시험을 치는 그 시간뿐만 아니라 사전에 공부를 하는 과정이나 학습 활동에서도 좋지 않은 영향을 미친다.

인지심리치료학자인 마이켄바움Meichenbaum과 버틀러Burtler의 1980년 시험불안치료모델에 관한 연구결과에 의하면 시험불안에 빠진 아이들은 아래와 같은 4가지 특징이 있다고 한다. 자신이 시험불안에 빠진 것 같다면 한번 비교해 보는 것도 좋을 듯하다.

시험불안에 빠진 아이들의 특징

자신에 대한 생각	시험의 실패 가능성, 다른 아이와의 비교, 자신의 능력에 대한 낮은 자신감 등
공부습관과 시험 칠 때 행동	땀이 나거나 가슴이 두근거리고, 소화불량과 긴장, 초조함 등
성적이나 성취도	자신의 지적 능력 수준보다 현저히 낮은 학업 성취도
자기인식과 가치관	실제의 자신의 실력과 시험결과의 차이로 인한 혼란

이런 시험불안은 한때의 문제가 아니라 계속 반복된다면 결국 자신의 공부 실력과 자신감을 의심하게 되고, 이런 의심은 공부에 대한 흥미를 잃게 할 뿐더러 스스로 공부를 포기하게 만들 수도 있다. 게다가 시험 외에도 스스로에 대해 부정적인 면만 보려고 하는 정서를 초래하는 경우도 생긴다.

시험불안을 극복하라

1. 자기암시와 자신감

그러면 어떻게 해야 할까? 시우는 막막했다. 오랫동안 수학에서 손을 뗀 상태라 어디서부터 어떻게 해야 할지 몰랐다. 여전히 시험지 앞에서는 불안하기만 했다.

▶ **'나는 할 수 있다'는 자기암시로 자신감을 회복한다**

시우는 제일 먼저 계속되는 실패로 떨어진 자신감을 회복하기로 했다. 공부를 시작하기 전 항상 "나는 할 수 있어. 나는 수학을 잘해. 이제 다시 시작이야"를 먼저 외쳤다. 그리고 문제를 풀기 시작했다.

"처음에 이렇게 외칠 때 입으로는 그렇게 말하지만 머릿속에서는 내가 잘할 수 있을까? 오랫동안 잘 못해왔는데, 해도 안 됐는데, 또 실패하는 건 아닌가 하는 생각이 드는 거예요. 그런데 그런 생각을 끊는 연습을 했어요. 그런 생각이 들 때마다 '그만!' 이렇게 외쳤죠. 그리고 다시 '나는 할 수 있다!'를 외치는 거예요. 자꾸 그렇게 외치니까 어느새 생각도 바뀌어 가는 것 같더라고요."

시우가 자신감을 회복하는 데 있어서 스스로의 노력도 대단했지만 부모님의 도움도 매우 컸다. 그동안 시험결과만을 가지고 다그치던 어머니도 시우의 노력에 대해 칭찬하고 격려해 주셨다. 그리고 시우가 시험을 보고 오면 "몇 개 틀렸니?"라고 묻는 게 아니라 "떨리진 않았니? 네가 공부한 게 많이 나왔니?" 하며 따뜻한 말을 건네셨다.

▶ **시우의 책상 앞에 붙여진 자기암시용 자신감 회복의 글**

나는 시험을 잘 볼 수 있다.

나는 수학 공부를 많이 했으니 공부한 만큼 결과가 나올 것이다. 공부를 많이 했고 최선을 다했다고 생각하는 것이다. 그리고 인과법칙을 따라, 열심히 했으니 결과도 좋을 것이라고 생각하면 된다.

나는 평안하다.

평안하다고 생각하는 것이다. 혹시 그래도 마음이 불안하면 왜 불안한지, 구체적으로 무엇이 불안한지를 적어 보면 된다. 적다 보면 실제로 아주 작은 몇 개의 불안요소 때문에 지나치게 걱정하고 있는 경우가 많고 이러한 불안요소를 발견했을 경우에는 하나씩 제거해 가면 된다.

이번 시험범위는 내가 잘 아는 부분이므로 잘 볼 것이다.

과거의 실패와 상황을 연결하지 않기 위한 것이다. 실제로 자신이 잘 못하는 단원과 잘하는 단원이 있으므로 이번 시험 범위 내의 단원은 내가 잘한다고 의도적으로라도 생각하는 것이다.

▶ 시험지와 시험 시작을 알리는 소리와 친해지기

시우를 두렵게 하는 상황은 시험지와 시험시작을 알리는 선생님의 '시작!' 소리와 함께 시작되었다. 평소에 공부할 때와는 달리 한 장짜리로 된 시험지와 길지 않은 시험 시간이 시우를 불안하게 만든다.

고민 끝에 시우는 시험상황을 재연하기 시작했다. 학교 시험지와 비슷한 종이에 문제를 적고 풀기 시작했다. 문제집에 있는 문제들을 한 번 풀어 보고, 그 문제들을 그대로 종이에 옮겨 적은 뒤 다시 풀어 보았다. 그리고 이번에는 시간을 정해서 풀기 시작했다. 처음에는 정해진 시간에 자신이 얼마나 푸는지를 기록했다. 비슷한 문제들을 적어 놓고 계속해서 문제를 풀며, 시간과 푼 문제수를 기록하여 자신을 파악했다. 느린 성격에 맞게 언제나 느긋하게 한 문제 한 문제 풀던 시우는 자신이 한 시간 안에 20문제를 풀기 위해서는 보다 속도를 내야 한다는 것을 깨달았다.

많은 문제들을 반복해서 풀다 보니 해답을 찾기까지 걸리는 시간이 점점 줄어든 것이다. 그러면서 점차로 '시작'이라는 경고음에 익숙해져갔다. 이제 더 이상 '시작!'이라는 소리는 불안의 요소로 작용하지 않았다. 그리고 문제를 푸는 데 걸리는 시간도 점차로 줄었다.

▶ 1학년 수학으로 돌아가 기초를 다시 쌓자

시우는 실패의 경험으로부터 자유로워질 필요가 있었다. 그러기 위해서는 무너졌던 기초를 다시 쌓는 일이 필요했다. 중학교 3학년으로 올라가는 방학에 다른 친구들은 중학교 3학년 과정을 예습하는 일로 바빴지만 시우는 그러지 않았다. 무너진 기초를 다시 쌓고 자신감을 회복하겠다는 생각으로 중학교 1학년 책을 펴서 문제를 풀기 시작했다. 당시에는 어렵기만 했던 문제들이 쉽게 다가왔다. 속도를 내어 1학년 책을 공부하기 시작했고 그러한 과정은 시우에게 실패했던 과목에 대한 자신감을 불어넣어 주었다.

한 달 만에 1학년 과정을 마치고 또 남은 한 달은 2학년 과정에 들어가니까 전에는 몰랐던 것들이 이해되기 시작했다. 그렇게 차근차근 공부하는 것은 비록 느리기는 해도 성실한 시우의 성격에는 딱 맞는 방법이었다.

방학이 지나 새로운 학년을 맞이한 시우는 그간 쌓아놓은 기초를 바탕으로 수업에 열중하기 시작했다. 그러나 열심히 기초를 쌓았음에도 3학년 수학은 그리 쉽지 않았다. 시우는 집에 와서 문제를 풀고 또 풀었다. 숫자를 바꿔가며 시험지에 스스로 문제를 적고 반복해서 풀어 보기 시작하였다.

반복해서 풀다 보니 그러한 유형에 익숙해지게 되고, 실제로 시험에 비슷한 문제가 나오면 푸는 방법이 잘 떠올라 자신있게 풀 수 있었다. 적어도 그 유형과 비슷한 문제는 틀리지 않으리라 결심했다.

▶ 한 문제에서 두 문제로, 점차 집중도를 높여가자

예전에 시우는 여러 문제를 연이어 풀지 못했다. 몇 문제를 풀고 나면 갑자기 딴 생각이 나서 좀 전에 어디까지 풀었는지를 잊어버릴 때가 많았다. 이런 시우가 시험 시간에 한 시간이나 집중해서 시험문제 전체를 푼다는 것은 매우 힘든 일이었다.

결국 시우는 한 문제를 푸는 동안 고개를 들지 않는 연습을 했다. 그리고 딴 생각이 날 때마다 스스로에게 '그만!'이라고 외쳤다. 집에서는 소리를 내어 외치며 그 생각을 끊기도 하고 누군가와 함께 있을 때는 속으로 외쳤다. 그리고 다시 문제에 집중했다. 한 문제에 대한 연습을 한 뒤에는 비슷한 유형의 두 문제를 연속해서 집중하여 푸는 연습을 했고, 그런 후에는 한 문제씩 늘려갔다. 그리고 다른 유형의 문제를 섞어 놓고 집중해서 푸는 연습도 했다.

이러한 연습을 통하여 시우는 점차 문제와 관련되지 않는 다른 생각들로부터 벗어날 수 있었다. 시우는 어느덧 한 페이지를 다 풀 때까지 고개를 들지 않고 집중해서 문제를 풀고 있는 자신을 발견하였다.

시험불안을 가진 아이들을 위한 혼공 학습법

1. 누런 바탕에 빼곡히 적힌 문제를 통해 시험상황을 재연하라

- 시험상황을 재연하는 것은 실제상황에 임했을 때 불안감을 감소시킬 수 있다.
- 한 시간이라는 제한된 시간 안에서 최대의 효과를 발휘하도록 해 본다.

2. 실패의 사이클을 끊어라

- 잃어버린 자신감을 회복하기 위해 쉬운 문제부터 다시 풀어 보도록 한다.
- 교과서의 예제 문제들만을 풀어도 괜찮다.
- 답을 가리고 한 번 더 풀어 본다.
- 성공한 자신을 스스로 칭찬해 본다.

3. 스스로를 격려하라

- 남의 칭찬을 기대하기 전에 자신에게 스스로 칭찬하자.
- 어제보다 오늘 책상에 10분을 더 앉아 있었다면 그것에 대해 칭찬하라.
- 결과가 아닌 과정에서의 향상에 대해 스스로를 격려하자.

4. 기초를 튼튼히 하기 위해 처음부터 다시 하라

- 일 년 전 내용이라도 부족하다면 다시 공부하라.
- 기초를 튼튼히 해야 함을 잊지 마라.

5. 반복 학습하라

- 여러 유형의 문제에 익숙해지도록 많은 문제들을 반복해서 풀어 보자.
- 숫자나 말을 조금 바꾸어서 다시 풀어 본다.

6. 집중하는 훈련을 하라

- 처음에는 1분간 문제에 집중하는 연습을 한다.
- 조금씩 집중하는 시간을 늘려가자.

나의 시험불안 정도는?

다음은 여러분이 학교에서 치르는 시험에서 어떤 생각이나 느낌을 갖는지 알아보기 위한 체크리스트입니다. 각 문항을 차례대로 읽으면서 시험도중에 일어나는 여러분의 생각이나 느낌에 일치하는 곳에 표 하면 됩니다.

※ 본 체크리스트를 통하여 학생의 상태를 알아보기 위해서는 영역별로 나누어 그 특성을 파악한다.

	문항	전혀 그렇지 않다	그렇지 않다	보통 이다	그렇다	항상 그렇다
01	중요한 시험 전에는 걱정을 더 심하게 한다.	1	2	3	4	5
02	시험에 떨어지거나 성적이 나쁘면 식구들이나 주위 사람들에게 창피하다.	1	2	3	4	5
03	시험결과가 나쁘면 부모님께 꾸중을 들을까봐 걱정이 된다.	1	2	3	4	5
04	시험 칠 때 손이 떨린다.	1	2	3	4	5
05	시험공부를 하면 할수록 더 복잡해진다.	1	2	3	4	5
06	시험을 잘 못 보면 어쩌나 하는 생각 때문에 시험 때 집중을 할 수 없다.	1	2	3	4	5
07	시험을 치르는 동안 시험에 실패할 경우를 생각하며 걱정한다.	1	2	3	4	5
08	중요한 시험 중에 가슴이 몹시 두근거리는 것을 느낀다.	1	2	3	4	5

09	잘 알고 있는 문제에 대해서도 걱정을 한다.	1	2	3	4	5
10	시험을 볼 때면 너무 긴장이 되어 내가 잘 알고 있던 것도 잊어버린다.	1	2	3	4	5
11	시험을 봐야 한다는 것이 두렵고 긴장된다.	1	2	3	4	5
12	중요한 시험을 볼 때면 너무 떨려 극도로 공포에 사로잡힐 정도이다.	1	2	3	4	5
13	시험이 끝난 후 시험결과에 대한 걱정을 하지 않으려고 애를 써도 잘 되지 않는다.	1	2	3	4	5
14	시험을 치르는 동안 다른 학생들이 나보다 잘 볼 것이라는 생각이 든다.	1	2	3	4	5
15	중요한 시험 때는 너무 긴장이 되어 뱃속이 다 이상하다.	1	2	3	4	5
16	시험 결과를 알기 직전에는 극도로 긴장이 된다.	1	2	3	4	5
17	중요한 시험을 치르는 동안 자꾸 실패할 것 같은 느낌이 든다.	1	2	3	4	5
18	못하는 과목일수록 시험 때 더 걱정이 된다.	1	2	3	4	5
19	시험 결과로 인하여 학교 선생님께 인정을 못 받게 될까봐 두렵다.	1	2	3	4	5
20	시험 결과로 인하여 내 능력이 전반적으로 나쁘게 평가될까봐 두렵다.	1	2	3	4	5
21	점수에 대한 걱정 때문에 시험을 제대로 잘 치를 수가 없다.	1	2	3	4	5
22	나의 좋지 못한 점수를 반 아이들이 알까봐 걱정이 된다.	1	2	3	4	5

23	열심히 해도 별로 좋은 성적을 낼 수 없을 것이라는 생각이 들어 시험공부를 하고 싶은 의욕이 없어진다.	1	2	3	4	5
24	시험을 치르는 동안 너무 긴장이 되어 시험문제가 머리에 잘 들어오지 않는다.	1	2	3	4	5
25	시험준비를 충분히 했어도 막상 시험 때가 되면 긴장이 된다.	1	2	3	4	5
26	시험 시간에 선생님으로부터 지적을 당할 것 같아 마음을 졸인다.	1	2	3	4	5
27	시험을 치르는 동안 나는 장래에 내가 원하는 학교에 제대로 들어갈 수 있을까 걱정한다.	1	2	3	4	5
28	시험준비를 충분히 했어도 시험을 잘못 치르지 않을까 걱정된다.	1	2	3	4	5
29	꼭 공부해야 할 것을 못한 것 같아 초조해진다.	1	2	3	4	5
30	성적이 좋지 않아 늘 기가 죽어 있다.	1	2	3	4	5
31	시험에 대한 걱정으로 시험 전날 밤에는 공부도 잘 안 되고 잠도 잘 안 온다.	1	2	3	4	5
32	차라리 시험이 없으면 긴장이 적어 더 열심히 공부하게 될 것 같다.	1	2	3	4	5
33	내 자신이 별로 능력이 없는 사람이라는 생각이 든다.	1	2	3	4	5
34	내 실력으로는 장래 희망을 이루기 어렵다고 생각한다.	1	2	3	4	5
35	시험을 보는 동안 매우 불안하고 초조하다.	1	2	3	4	5

결과 알아보기

각 영역별 문항의 점수를 더하여 각 영역의 문항 수, 즉 인지적(15), 생리적(15), 정서적(5)의 문항 수로 나누어 평균 점수를 구한다. 각 영역의 평균 점수가 3점이 넘으면 그 영역의 특성이 높은 편이라고 볼 수 있다.

	문항 번호	평균 점수
인지적	1, 2, 3, 11, 13, 14, 16, 18, 19, 20, 22, 24, 25, 28, 29	
생리적	4, 5, 6, 7, 8, 10, 12, 15, 17, 21, 23, 30, 31, 33, 35	
정서적	9, 26, 27, 32, 34	

전략 6

공부한 만큼
성적이
나오지 않는 아이

현우의 생활과 학습법

중학교 1학년인 현우는 주말에도 엄마와 함께 계획을 세워서 공부를 하는 아이다. 그만큼 평소에 공부를 열심히 하지만 성적은 생각한 만큼 나오지 않아 고민이다. 이렇게 열심히 하는데 대체 무엇 때문에 성적이 오르지 않는 것인지 본인이나 곁에서 지켜보는 엄마도 답답할 노릇이다.

머리가 나쁜 건가 싶기도 하고, 도대체 다른 아이들과 뭐가 달라서 이렇게까지 열심히 하는데도 성적이 이 모양인가 하는 생각이 들어 속상하기만 했다. 현우가 공부하는 것을 살펴보면 정말 그 시간에는 열심히 한다. 딴 생각을 하는 것도 아니고 의자에 엉덩이를 딱 붙여 앉아서는 산만함을 보이지도 않는다. 그럼 공부하는 환경이나 자세에 문제가 있는 것은 분명 아니다. 오히려 무조건 열심히 하면 된다는 생각에 앞뒤 생각하지 않고 책만 파고드는 게 문제라면 문제였다. 예습이나 복습을 체계적으로 하는 게 아니다 보니 아무리 열심히 해도 학습이 제대로 되기 어려울 수밖에.

현우는 학습방법에 대해 잘 모르고 그저 새로운 것이 주어지면 열심히 할 뿐, 반복학습을 하지 않고 있었다. 또 자기가 좋아하고 잘하는 과목만 공부하려고 한다. 공부한 만큼 성적이 나와서 기분이 좋으니까 계속 그 과목만 보게 되는 것이다. 그러나 성적을 올리려면 자신이 취약한 과목에서 성적이 잘 나와야 한다. 현우는 암기과목, 특히 사회과목에 자신이 없었지만 그 과목을 공략하기 위해 노력을 하기는커녕 평소에도 사회공부 하는 것을 꺼리고 있다.

공부한 시간이나 분량으로 만족하지 마라

'실제로 공부하는 것'과 '공부했다'라고 생각하는 것은 차이가 있다. 공부를 하는 많은 학생들은 많은 경우에 단순히 시간과 분량에 얽매일 뿐 실제로 이해하고 공부에 투입된 시간은 그렇게 고려하지 않는 것 같다. 자신은 열심히 공부했다고 생각은 하나 실제에서는 진짜 공부가 이루어지지 않는 경우가 많이 있다. 진짜 공부는 시간의 양이나 학습 분량과는 상관이 없다. 스스로 준비하고 계획할 때 그리고 왜 공부해야하는지 그 이유와 가치를 분명히 알고 목표를 세울 때 진짜 공부가 이루어질 수 있다는 것을 명심해야한다.

'공부했다는 함정에 빠지는' 경우의 가장 큰 문제는 바로 학생과 부모 모두 열심히 공부했다라고 생각하는 데에 있다. 학원이나 과외를 받는 것 자체만으로도 공부를 했다라고 생각하고, 이렇게 공부를 하는데도 왜 성적이 오르지 않을까하고 고민하는 때가 있다.

현우를 보면 공부를 하려는 노력과 시간 투입은 많은 것으로 보인다. 그러나 공부에 대한 집중력과 계획 등등이 부족하여 실제 공부하는 시간에 비례하여 성적이 오르지 않는 것으로 보인다. 현우는 단순히 공부하는 데 시간을 얼마나 들였다는 문제보다는 구체적이고 계획적이며 효과적인 공부 방법을 취하고 있지 못하다. 이제부터는 공부에 좀 더 집중을 하고 현우에게 맞는 목표를 찾아 실전하고 공부의 전략을 세워 공부하는 만큼 성적을 올리는 노력이 필요하다.

구체적인 계획을 세우고
점검하라

1. 현실적인 계획표를 짜라

　현우는 어머니와 함께 주말 계획표를 짜지만 구체적으로 짜지 않고 크게 수학공부, 영어공부 등 이런 식으로 범위를 정하지 않고 계획을 세웠다. 계획을 안 세우는 것보다야 낫다고 할 수 있지만 세부적인 범위를 정하지 않으면 효과가 떨어지게 된다. 막연하게 한 시간 동안 수학을 공부하겠다는 것과 어디서 어디까지 어떤 문제를 중점적으로 풀어 보겠다고 목표를 정해서 하는 것과는 큰 차이가 있다.

　이제 현우에게 필요한 것은 무조건 열심히 공부하는 것이 아니라 어떻게 공부하느냐 하는 방법이다. 일단 계획표를 짤 때 좀 더 세세하게 시간을 짜 보기로 했다. 하루에 주어진 24시간을 효과적으로 배분하기 위해서 자는 시간과 머리가 맑아서 공부가 잘 되는 시간, 공부가 안 되는 시간 그리고 좋아하는 과목과 싫어하는 과목, 또 약간 더 노력하면 성적이 잘 나올 것 같은 과목 등을 생각해서 시간을 나누어 보았다.

　평일에는 학교와 학원 때문에 시간을 쪼개 쓰는 데 한계가 있어서 주말을 기준으로 계획표를 세워 보았다. 하루를 잠자는 시간 8시간, 휴식시간 10시간, 공부하는 시간 6시간으로 나누어 보았다. 현우는 머리가 맑아서 공부가 잘 되는 시간에 주로 조금만 노력을 더하면 성적이 오를 것 같은 과목을 공부하고, 여가 및 휴식시간 중에 남는 자투리 시간에 영어단어를 외우거나 독서를 하기로 했다. 일주일에 한 권은 책을 꼭 읽겠다는 목표를 세웠고, 따로 시간을 내서 읽는 게 아니라 밥 먹는 시간을 전후로 해서 틈나는 대로 읽었다.

이처럼 계획을 세워서 하니까 왠지 모를 안도감은 들었지만 이전과 다른 무엇인가를 찾기는 어려웠다. 그때나 지금이나 열심히 공부하는 것 같은데 그렇게 공부에 자극이 되는 것도 아니었다. 대체 무엇이 문제였을까? 그건 바로 계획에 대한 구체적인 점검과 반성을 하지 않아서였다. 무엇이 잘못되었는지 알 수 없어서 공부에 대한 자극이 되지 않았다. 그래서 계획표에 다시 변화를 주기로 했다.

2. 교과별 학습법을 찾아라

▶ **수학은 나만의 방법으로 문제의 난이도를 표기해 두고, 오답노트를 적극 활용한다**

수학은 현우가 조금만 더 노력하면 성적을 올릴 수 있다고 생각하는 과목 중 하나다. 수학을 싫어하지만 재미있게 공부하는 방법만 안다면 잘 할 수 있다는 자신감은 있었기 때문이다. 먼저 수학 문제를 풀 때 문제의 번호에 자기가 완전히 알고 푼 문제는 'O'표, 알쏭달쏭한 문제는 '△'로, 아예 모르거나 찍은 문제는 'X'를 한다. 이렇게 하면 나중에 오답노트 할 때 도움이 많이 된다고 한다. 'O'으로 표기된 문제는 과감하게 넘어가고 '△'나 'X'로 표기된 문제는 정답을 맞혔더라도 오답노트에 정리해서 다시 보았다.

이렇게 정리한 오답노트는 그 어떤 문제집보다 가치 있는 것이라고 생각했다. 자신이 잘 모르는 문제가 무엇인지 알 수 있고 자기만의 방식으로 해결할 수 있다는 자신감이 생겼다. 특히 문제를 풀 때 보니까 틀리는 부분은 꼭 다시 틀릴 때가 많았다. 그래서 그 문제의 핵심을 오답노트에 기록하고, 해당 유형의 문제를 찾아 거의 다 푸는 식으로 하나씩 공략해갔다.

▶ **영어 단어는 직접 정리하고 자투리 시간을 활용해서 외운다**

영어 공부를 하면서 중요한 것이 단어라고 생각했다. 영어 단어를 외울 때 따로 시간을 내서 외우는 것은 시간낭비인 것 같아서 가급적이면 그냥 지나칠 수 있는 시간을 최대한 활용하기로 했다. 하루에 암기할 양을 정해서 학교를 왔다갔다 하거나 쉬는 시간을 이용해서 외우는 것이다.

그리고 무식하게 달달 외우려고 중얼거리기보다 모르는 단어를 정리장에 적고, 외운 것을 자기 나름대로 평가해 보았다. 외운 단어를 확인하기 위해서 노트에 뜻만 보이게 해서 영어로

써보고 붉은 색연필로 채점을 했다. 예전에는 대충 눈으로 보면서 외우는 것으로 그만이었지만 지금은 예전에 외웠던 단어를 꼭 소리 내어 읽어 본다. 처음에는 시간이 많이 걸렸지만 자꾸 보게 되면 그 시간이 반 이상으로 줄어들고, 영어단어는 머릿속에 수십, 아니 수백 개가 들어간 것 같은 기분이 들었다.

▶ 암기과목은 교과서를 중심으로 읽고, 외우려고 하지 않는다

현우는 암기 과목이 정말 싫었다. 시험을 준비할 때는 참고서에 있는 요점정리를 중심으로 문제를 풀거나 시험 전날 밤 늦게까지 외웠다. 그런데 이렇게 하는 건 당장의 시험에서는 반짝 효과가 있었지만 시험이 끝나면 바로 잊어버려 시험 때만 되면 벼락치기 공부를 반복해야 했다.

현우는 교과서가 기본이라는 선생님의 말씀대로 교과서 위주로 암기과목을 공부해 보기로 하고 수업시간에 좀 더 집중하기 위해 예습을 하기로 했다. 예습은 생각보다 쉽지 않았다. 원래부터 지루해 하던 과목이라서 그런지 책을 보다가 잠들기 일쑤였다. 그래서 무작정 책상 앞에 앉아서 예습하겠다는 생각보다 학교에서 쉬는 시간에 교과서의 큰 제목 정도를 읽는 것으로 다시 시작해 보았다. 그런데 제목만 보더라도 오늘 공부할 내용이 대충 어떤 것인지 감을 잡을 수 있었다. 그다음부터는 암기과목 수업 시간 전에 큰 제목을 읽으면서 그 날의 수업내용에 대해 미리 예상을 하고 수업 도중 중요한 단어나 개념이 나오면 형광펜으로 눈에 띄게 표시를 했다. 집에 돌아와서 사회책을 폈는데 읽기가 쉬웠고 단원에서 말하려고 하는 핵심적인 내용을 빨리 찾아낼 수 있었다고 한다.

▶ 노트 정리는 베끼는 것이 아니다

현우는 점점 공부하는 법을 알게 되자 노트 정리하는 법도 바뀌게 되었다. 노트에 그냥 수업내용만 받아 적던 것과는 달리 이제는 노트의 양면을 효율적으로 이용하기로 했다. 한 면은 수업시간에 선생님의 필기 내용을 중심으로 정리를 하고, 다른 면은 그 수업시간에 중요한 내용이나 사례로 설명했던 내용이나 자기가 예습한 것을 적었다. 이 방법은 다시 복습을 할 때 당시 수업상황이 떠올라 기억하는 데 많은 도움이 되었다.

효율적인 공부를 할 수 있는 혼공 학습법

1. **공부하는 시간이 중요한 게 아니라 어떻게 공부하느냐를 고민하자**
- 무조건 책을 많이 본다고 해서 능률이 오르지는 않는다.
- 하루의 계획을 시간단위로 짜는 것과 더불어 각각의 목표를 세부적으로 정한다.

2. **평소에 준비하는 습관을 가져라**
- 시험 기간만 되면 달달 외우는 공부 방법은 시험이 끝나면 곧바로 잊어버리게 된다.
- 암기과목의 경우에는 평소 소설책 읽듯이 처음부터 읽어 나가는 것이 좋다.

3. **노트나 문제집의 여백을 잘 활용하라**
- 마냥 베끼거나 문제를 푼다고 해서 공부가 잘 되는 건 아니다.
- 노트나 문제집의 여백에 보충 설명이나 참고 사항을 메모하여 잘 활용하도록 한다.

나의 시간관리는 얼마나 효율적일까?

다음은 제한된 시간 내에 최대한 능률적으로 공부를 하고 있는지 자기관리 기술을 알아보기 위한 셀프 체크리스트입니다. 각 문항을 차례대로 읽으면서 평소 여러분의 생각이나 느낌에 일치하는 곳에 표 하면 됩니다.

	문항	전혀 그렇지 않다	그렇지 않다	보통 이다	그렇다	항상 그렇다
01	장·단기목표를 세운다.	1	2	3	4	5
02	주간 계획표와 일일 계획표를 작성한다.	1	2	3	4	5
03	꾸물거리거나 뒤로 미루지 않는다.	1	2	3	4	5
04	재검토와 복습을 생활화하고 있다.	1	2	3	4	5
05	가장 집중이 잘되는 시간에 까다로운 공부나 숙제를 한다.	1	2	3	4	5
06	학교에서 한 시간 공부한 과목에 대하여 두세 시간의 학습 계획을 세운다.	1	2	3	4	5
07	공부 시간을 여러 번으로 나누어 할당한다.	1	2	3	4	5
08	등·하교시간, 쉬는 시간 등 자투리 시간을 활용한다.	1	2	3	4	5
09	해야 할 일이 많다고 생각될 때는 우선순위를 정해서 계획을 세운다.	1	2	3	4	5

10	모든 일(공부)에 대해 메모하는 습관이 있다.	1	2	3	4	5

결과 알아보기

각 문항의 점수를 더하여 문항 수(10)로 나눈 평균 점수를 구한다. 이 평균 점수가 3점이 넘으면 시간관리를 능률적으로 한다고 볼 수 있다.

전략 7

엄마의
잔소리와 싸우는
아이

엄마의 잔소리가 지겨워요

평소 부모님의 기대가 매우 컸던 지아는 공부에 대한 부담감을 많이 가지고 있었다. 어떻게 공부를 해야 할지, 그리고 과연 잘할 수 있을지에 대한 자신감이 부족한 상태였다. 특히 수학이라면 치를 떨었는데 얼마 전에 본 수학 점수는 38점이었다. 점수가 이렇다 보니 수학시간에 문제를 풀 때 마치 악몽과도 같은 시간을 보내는 기분이 들었다.

지아는 시험을 칠 때는 처음부터 문제를 하나하나 풀려고 하는 게 아니라 쉬운 문제 몇 개만 풀어 보고 나머지는 아무렇게

나 답을 써 버리고 그냥 엎드려 자기가 일쑤였다. 다른 과목도 별 다를 바가 없었다. 영어는 단어를 외운다거나 교과서의 내용을 읽어 보면서 중요한 핵심어를 찾아보는 게 아니라 단지 문제집을 풀어 보고 맞는지 틀리는지만 확인하는 정도였다.

문제는 이뿐만 아니었다. 지아는 정말 공부를 잘하고 싶은데 자꾸 자신의 신경을 건드리는 언니 때문에 공부에 집중하기가 힘들었다. 게다가 더 짜증나는 건 바로 엄마의 잔소리였다. "공부 좀 해. 넌 어떻게 된 게 항상 핸드폰 아니면 컴퓨터냐?"하고 질책을 하시지만 막상 지아가 공부를 하려고 방에 들어가도 TV 볼륨을 낮춰 주는 배려는 하지 않는다.

부모는 아이의 멘토다

멘토mentor. 지혜와 신뢰를 바탕으로 누군가의 인생에 있어 모범이 되는 상대를 말한다. 우리에게 이러한 멘토 역할을 해주는 사람은 누굴까? 늘 가까이서 우리를 걱정해 주고 위해 주는 가장 훌륭한 멘토는 바로 부모님이다. 궁금한 것도 많고 하고 싶은 것도 많은 우리, 그러나 아직까지 모르는 것, 부족한 것이 더 많은 우리는 부모님과의 대화를 통해 세상에 대한 안목을 넓히고 인생을 살아가는 지혜를 얻는다. 그러나 생각만큼 쉽지 않은 것이 부모님과의 대화다. 때론 일방적인 훈계만 듣게 된다거나, 서로 자기주장만 하다 목소리가 높아진다거나, 원치 않는 방향으로 대화가 흘러 속상할 때가 한두 번이 아니다. 이 모두가 대화의 기술이 부족해서 그런 것이다. 나에게 가장 훌륭한 멘토가 되어주는 부모님과의 대화를 좀 더 편안하게 이끌어 갈 수 있는 대화의 기술을 익혀두도록 하자.

1. 엄마 아빠와 올바르게 대화하는 방법

일상에서 우리는 부모님과 이야기를 자주 나눈다. 그러나 단순히 말을 주고받는다고 해서 그것을 대화라고 볼 수는 없다. 서로 의견을 나눈다기보다 그저 "밥 줘요", "공부해라" 하며 각자의 입장만 내세우는 일방적인 의사표시로 머무는 경우가 많기 때문이다. 대화란 나의 요구사항을 상대방에게 일방적으로 전달하는 것이 아니다. 내 마음을 상대방이 알아 주기를 바라는 만큼 나 역시 상대방의 마음을 보기 위하여 노력해야하는 것이다. 나를 더 많이 알리는 것, 나의 뜻을 관철시키는 것이 대화가 아니라, 오히려 상대방을 알고 상대와 함께 가야할 길을 찾는 것이 진정한 대화다.

▶ 의견이 다르다고 해서 무조건 거부하는 것은 옳지 않다

부모님과의 의견 대립이 있을 때는 솔직히 더 이상 이야기를 듣고 있기가 힘들다. 말이 통하지 않는다는 생각에 짜증이 나고 때론 적대감까지 생긴다. 그러나 부모님이 우리에게 칭찬을 하든 꾸중을 하든 그 마음은 하나다. 바로 '내 아이가 잘 되었으면' 하는 것이다. 물론 무조건 부모님의 말씀에 복종만 하라는 것이 아니다. 다만 어떤 말씀이나 요구를 할 때 무작정 거부감을 가질 것이 아니라 그 배경과 의미를 이해하고 듣는다면 한결 여유롭게 받아들일 수 있다는 것이다.

▶ **기본적인 예의는 지켜라**

세상에서 가장 고마운 분이 부모님이지만, 또 한편으로는 가장 만만한 상대도 부모님이다. 친구 부모님이나 이웃어른들께는 인사도 잘하고 예의바르게 행동하면서 정작 가장 감사해야 할 부모님께는 기본적인 대화의 예절조차도 지키지 않는 경우가 많다. 편한 사이일수록 대화의 예절을 더 철저히 지켜야 한다. 내 부모님에게도 다른 어른들과 대화를 나눌 때처럼 예의를 갖춘다면 훨씬 부드럽고 서로를 이해할 수 있는 대화의 분위기가 만들어질 것이다.

▶ **말뿐만 아니라 표정, 억양까지도 신경 쓰자**

대화란 말로 하는 것만을 의미하지 않는다. 몸짓이나 표정도 또 하나의 언어가 되어 나의 의사를 전달한다. 그런데 나의 몸동작과 표정, 억양 등을 항상 의식하며 대화를 하기란 힘들다. 부모님은 대화를 할 때 우리의 입만 보고 있는 것이 아니다. 내가 심한 말을 하지 않거나 버릇없는 말을 하지 않더라도 행동이 반항적이거나 차갑다면 부드러운 대화보다 살벌한 분위기가 흐를 수밖에 없다. 부모님과 대화를 할 때 나의 표정이나 몸동작, 억양까지도 세심하게 신경을 써 보자.

▶ 이야기를 끝까지 들어 주는 게 필요하다

부모님과 대화를 하다 보면 서로가 자신의 입장만을 고집하는 경우가 많다. 우리는 떼를 쓰는 격이고, 부모님은 윽박지르기를 하는 셈이다. 이런 상황을 피하기 위해서는 일단 부모님의 의견을 끝까지 들어 드리는 지혜가 필요하다. 사람들은 자신의 이야기를 끝까지 들어줄 때 편안한 마음을 가진다. 부모님의 이야기를 중간에 자르면서 끼어들지 않고 다 듣고 난 뒤에 자신의 느낌이나 생각 그리고 고민을 이야기한다면 부모님도 자연스럽게 마음을 열고 조언을 해 주실 것이다.

▶ 나의 생각을 분명하게 말하자

부모님은 독심술사나 신이 아니다. "아니, 내 마음을 왜 그렇게 몰라주는 거예요"라며 성질만 부린다고 해서 부모님이 내 마음을 알아주실 리는 없다. 나의 생각이나 감정 상태를 부모님께 분명하게 전달해 보자. 물론 "지금 나의 상태가 이러니 알아서 하세요"라는 식의 전달은 곤란하다. 무슨 문제가 있을 때 단순히 불평불만을 이야기할 게 아니라 어떻게 하면 해결할 수 있을까를 같이 제안하는 것이다. 부모님이 나를 좀 더 이해할 수 있는 계기가 될 것이다.

▶ 신뢰를 얻기 위해서는 실천을 먼저 하자

부모님의 잔소리나 간섭을 좋아하는 친구는 없을 것이다. 그러나 우리가 부모님의 잔소리나 간섭에서 벗어나기 위해서는 신뢰가 우선되어야 한다. 습관적으로 "할 수 있어요", "제가 알아서 할게요"라며 말만 그럴듯하게 할 것이 아니라, 행동 또한 따라주어야 한다. 내가 한 말에 대한 올바른 실천이 따를 때 부모님의 신뢰를 얻을 수 있는 것이다.

철저한 계획자가 돼라

1. 계획의 중요성

지아는 지난 겨울방학 동안 혼공 프로그램에 참여했는데 우선은 '방학생활을 어떻게 보낼 것인가?'부터 시작하였다. 방학생활을 누구보다 알차게 보내고 이전과는 다른 모습을 보인다

면 공부뿐만 아니라 엄마와의 대화에 있어서도 분위기가 한층
부드러워지리라는 기대도 함께 가졌다.

　"지아야! 넌 이번 방학을 어떻게 보내고 싶어?"

　"방학만 되면 항상 늦잠만 자요. 그래서 하루가 너무 짧고,
늦잠 때문에 엄마한테 매일 혼나요. 아침에 일찍 일어날 수만
있다면 뭔가 달라질 텐데… 달라지고 싶어요."

　"달라지고 싶다고? 그렇다면 지아가 방학동안 어떻게 바꾸
고 싶은지 계획표를 세워 볼래?"

▶ 방학에도 학교생활처럼 계획적으로

　지아는 방학 한 달을 어떻게 보내야 할지 계획표를 만들어
보기로 했다. 방학기간 전체의 계획표와 주간생활계획표를 만
드는데, 우선 방학 동안 해야 할 일이 무엇인지부터 정리해 보
았다. 그래야 세부적인 계획표를 세울 수 있기 때문이다.

　계획표나 할 일에 대한 목록을 만들기 전까지는 방학 동안
무엇을 해야 할지 난감했지만 전체 계획표를 세워 보니 무엇을
해야 하는지 한눈에 알 수 있었다. 이를 기초로 주간계획표를
세우고 다음으로 프로그램에서 실시하는 매일매일 'Self-diary'
를 기록해 나갔다. 이렇게 지아가 계획적인 생활로 보람된 하루
하루를 보내게 되자 엄마와의 관계도 달라지기 시작했다. 우선

2학년 겨울방학 숙제 및 나의 목표

방학 숙제	국어	중학생이 읽어야할 필독서 중 독후감 5편 쓰기
	영어	방학과제 Print의 단어 모두 외우기
	과학	환경에 관한 도서나 참고자료를 읽고 자신의 의견쓰기 (A4 3장 이내)
	봉사 활동	방학 중 봉사활동하기

나의 목표	과목	과목별 목표	실천사항
	국어	• 일주일에 1편씩 독후감 쓰기 • 2학기 국어교과서 예습하기 (1주일에 1과씩)	• 28일 김유정의 〈동백꽃〉 읽음 • 30일 독후감 씀 (매우 힘들었음 ^^ㅠㅠ) • 3일 〈갈매기의 꿈〉 읽음
	영어	• 단어 하루에 30개씩 외우기 • 영어 강의 시청하기	• 29일 10개밖에 못 외움 • 2일 방송시청 (약간 졸았음 ㅠㅠ)
	수학	• 하루에 수학문제 30개씩 풀기 • 오답노트 만들어 정리하기	• 2구일 오답노트 처음으로 만듦 (3문제 작성)
	과학	• 방학2주차 숙제 자료찾기 • 3주차 비평문쓰기	
	봉사 활동	• 방학 4주차 동사무소에서 봉사활동하기	
	운동	• 수요일 금요일에는 인라인 스케이트 타기	

지아가 누가 시키기도 전에 책상 앞에 앉아 공부하려는 모습을 보이자 TV소리를 크게 틀어놓던 지아 엄마도 TV를 끄고 안방에 들어가 다른 일을 하면서 지아의 공부에 방해가 되지 않도록 신경을 썼다.

▶ 하루의 마무리는 엄마와 함께

지아는 엄마와의 대화를 원활하게 하기 위해서 엄마와 '10분 대화'를 하기로 하고, 엄마가 직장에 나가기 때문에 잠자리에 들기 바로 직전에 엄마와 대화하는 시간을 일부러 갖기로 했다. 그 시간 동안 하루에 무슨 일이 있었는지 그리고 어떤 공부를 했는지, 엄마에게 바라는 것은 무엇인지 이야기를 했다. 이런 대화를 나누기 전까지는 엄마와의 대화가 항상 싸움으로 끝났지만 둘 다 이야기를 끝까지 듣고 자신의 생각을 이야기하기로 하자 확실히 변화가 있었다. 지아는 이 방법을 통해 보다 엄마와 가까이 다가설 수 있게 되었고 엄마 역시 지아와 더 친해질 수 있게 되어 좋다고 하셨다.

▶ 어려운 과목은 쉬운 문제부터 차근차근

지아는 그동안 막연하게 책만 펴놓고 무작정 읽던 식의 공부가 아니라 좀 더 전략적인 방식을 취해 보기로 했다.

중요 과목인 영어와 수학은 그동안 어렵고 귀찮아서 노력조차 하지 않았던 지아는 일단 목표부터 새롭게 정했다. 수학의 경우, 하루에 30문제 풀기 작전에 돌입했다. 그리고 자신이 풀 수 있다고 판단되는 문제부터 매일매일 30문제씩 풀어나갔다. 가뜩이나 수학 자체를 싫어하는데 괜히 자신의 수준보다 어려운 문제를 접했다가 오히려 어렵게 결심한 각오마저 사라져서는 안 되기 때문이다.

▶ **내가 공부한 것은 내가 점검하기**

영어의 경우, 과제로 300개의 단어를 외워야 하기 때문에 매일매일 단어를 외웠다. 그리고 제대로 외웠는지를 알기 위해 자가테스트를 꼭 하기로 계획을 세웠다. 외우는 것도 중요하지만 제대로 얼마나 외웠는지 점검하는 것도 매우 필요한 과정이라서 반드시 하는 것이 좋다고 생각했다. 그리고 기초가 떨어지는데 대충 눈으로 반복해서 외우는 것은 별 효과가 없다고 생각해서 연습장에 쓰면서 입으로 되뇌는 식으로 공부를 했다.

지아는 공부를 새롭게 시작하겠다는 각오뿐만 아니라 평소의 생활자세와 공부방법까지 바꾸는 6주 프로그램을 꾸준히 진행했다. 이런 지아의 자세는 자신에게 맞는 공부법이 무엇인지 알 수 있는 계기가 되었고, 엄마 역시 잔소리가 아닌 칭찬을 더욱 많이 하게 되다 보니 자연스레 엄마와 딸이 나누는 대화도 많이 좋아졌다.

지아는 혼공 학습 프로그램을 진행하면서 성적이 갑자기 올라간 것은 아니었다. 그러나 예전처럼 자신감이 없어서 책을 멀리 하고, 수학문제를 풀 때 아예 문제도 풀지 않고 아무 답이나 쓰던 모습은 더 이상 보이지 않았다. 기본적인 공부법에 대해서 확신을 가지게 된 것이 가장 큰 수확이었다.

계획표를 세우며 하는 혼공 학습법

1. 한 달 계획표, 일주일 계획표, 하루 계획표를 세워라

- 공부하기가 막연하면 자신이 생각할 수 있는 목표를 세우는 것이 좋다.

- 전체적인 계획뿐만 아니라 하루 계획까지 세운다.

2. 엄마와 '10분 대화하기'를 해 보자

- 나도 지아처럼 평소 엄마와의 대화가 부족한 편이라면 10분만이라도 대화를 해 보자.

- 대화의 기본 약속은 서로의 이야기를 끝까지 들어 주는 것이다.

3. 수학 문제를 풀 때는 쉬운 것부터 하자

- 공부를 하겠다는 의욕에 불타서 마구 덤벼들지는 말자.

- 누가 뭐래도 내가 풀 수 있는 문제부터 하나씩 풀어나가면서 자신감을 가져 보자.

4. 영어 단어는 연습장에 쓰면서 하되, 꼭 테스트한다.

- 기초가 떨어진다면 단어 하나하나를 연습장에 쓰면서 외운다.

- 외우는 시간이 많다고 실력이 나아지는 게 아니다. 공부한 만큼 테스트를 하자.

나는 부모님과 얼마나 대화를 나누고 있을까?

다음 문항은 여러분들이 평상시에 부모님과 어떻게 대화를 하는지를 알아보기 위한 체크리스트입니다. 각 문항을 차례대로 읽으면서 여러분의 생각이나 느낌에 일치하는 곳에 표 하면 됩니다.

문항	전혀 그렇지 않다	그렇지 않다	보통 이다	그렇다	항상 그렇다
01 나의 소신을 부모님과 거리낌 없이 의논할 수 있다.	1	2	3	4	5
02 부모님이 나에게 하시는 말씀은 가끔 믿기가 어렵다.	1	2	3	4	5
03 부모님은 나의 얘기를 귀담아 들어 주신다.	1	2	3	4	5
04 내가 원하는 바를 부모님께 부탁드리려면 겁이 난다.	1	2	3	4	5
05 부모님은 내가 말하지 않아도 나의 감정을 잘 아신다.	1	2	3	4	5
06 부모님은 내가 무슨 말을 하려고 하면 입을 다물고 가만히 있으라고 한다.	1	2	3	4	5
07 나는 부모님과 대화를 하면 만족스럽다.	1	2	3	4	5
08 나에게 어떤 문제가 생기면 나는 부모님께 차라리 아무 말씀을 하지 말고 가만히 계시라고 한다.	1	2	3	4	5

09	나에게 무슨 일이 있더라도 나는 부모님께 모두 말씀드릴 수 있다.	1	2	3	4	5
10	부모님께 말씀드리려면 조심스럽고 어렵다.	1	2	3	4	5
11	마음 놓고 부모님께 어리광을 부린다.	1	2	3	4	5
12	부모님과 대화를 나눌 때 차라리 말을 하지 않는 것이 마음 편하다.	1	2	3	4	5
13	내 질문에 부모님은 솔직하게 대답해 주신다.	1	2	3	4	5
14	나는 부모님과 의논할 수 없는 비밀이 많다.	1	2	3	4	5
15	부모님은 내 의견을 이해해 주려 애쓰신다.	1	2	3	4	5
16	나는 부모님의 잔소리 때문에 귀찮다.	1	2	3	4	5
17	나는 부모님과 여러 가지 문제에 관해 의논을 잘 한다.	1	2	3	4	5
18	부모님은 나로 인해 화가 나면 창피를 주신다.	1	2	3	4	5
19	나의 느낌을 부모님께 솔직하게 털어놓는다.	1	2	3	4	5
20	나는 무슨 일에 대한 내 진심을 부모님께 그대로 말씀드릴 수 없다.	1	2	3	4	5

결과 알아보기

1) 각 문항에 체크한 항목의 점수들을 모두 합산한다.
2) 2, 4, 6, 8, 10, 12, 14, 16, 18, 20번은 역문항이므로 1번에는 5점, 2번은 4점, 3번은 3번,

4번일 경우 2점, 5번은 1점으로 환산하여 계산한다.

3) 해석기준 : 각 점수를 모두 더하여 20으로 나눈 점수로 평균을 산출할 수 있다. 평균 점수가 '1~2'점에 가까울수록 부모와의 대화가 부족하고, '3점'일 경우 부모와의 대화가 보통 정도를 의미하고 '4~5점'에 가까울수록 부모와의 대화가 상당히 많은 것으로 해석할 수 있다.

전략 8

책상 앞에 앉아 있지만
딴 생각만 하는 아이

책만 보면 딴 생각이 …

오늘은 무슨 일이 있어도 집중해서 공부를 하겠다는 지유. 그런데 책을 편 지 5분도 채 되지 않았지만 벌써 몸이 뒤틀리기 시작한다. 턱을 괴고 연필을 돌리다가 머리를 긁적거리는 모습이 무슨 고민에 빠져 있는 듯하다. 그러나 지유에게 특별히 어떤 고민이 있는 것도 아니다. 집에서나 학교 그리고 친구와의 사이를 보더라도 원만한 편이다.

"뭐 특별하게 생각하는 것은 없어요. 공부하려고 앉으면 이런저런 생각들이 저절로 떠올라요. 친구들은 지금 무엇을 하는지, TV에서는 어떤 재밌는 프로를 하는지, 밖에서 나는 소리가 무엇인지 등에 대해 생각해요."

이렇게 산만한 것을 보면 지유는 공부하는 것 자체를 싫어해서 이러는 것인가 싶지만, 의외로 공부는 당연히 자신이 꼭 해야 하는 의무라고 생각한다. 그래서 학교에서 돌아오면 주변 정리를 하고 바로 책상에 앉는다. 그러나 공부를 하고 싶다는 게 아니라 해야 한다는 의무감 때문에 그렇게 하는 것일 뿐이다.

딱히 공부를 해야겠다는 의지 없이 습관적으로 책상 앞에 앉다 보니 지유에게 책상이라는 공간은 공부하는 곳이 아니라 그냥 편안히 쉬는 곳이라는 생각이 강하다. 그러다 보니 책상 앞에서 보내는 시간에 비해 공부를 하는 분량은 턱없이 부족할 수밖에 없다. 학교에서 돌아와서 잠자기 전까지 하는 일은 숙제를 겨우 마치는 정도이니 말이다. 당연히 별도의 예습이나 복습을 할 시간도 없다.

지유 부모님은 누가 뭐라고 하지 않아도 얌전히 책상 앞에 앉아 있는 지유가 대견하기도 하지만 책상 앞에 오래 앉아 있는 것에 비해 성적이 잘 나오지 않는 것이 속상하기도 하다. 그나마 시험 기간이 되면 상황은 좀 나아진다. 당장 내일이 시험이니까 공부를 해야 된다는 생각에 좀 더 집중해서 책을 들여다보지만, 30분 이상을 넘기지 못한다.

왜 공부에 집중을 하지 못할까?

아이들이 공부에 대해 어려움을 호소하는 것 가운데 가장 많이 이야기하는 것이 바로 집중력이 떨어진다는 하소연이다. 책상 앞에 앉아 있어도 머릿속은 딴 생각을 향하여 달리고 있으니 몸은 몸대로 피곤하고 성적은 성적대로 오르지 않아 본인 스스로도 지칠 수밖에 없다. 그래서 집중력을 높여 준다는 각종 기구나 약, 음악들에 의존해 보지만 무엇보다도 중요한 것은 본인 스스로 조절할 수 있는 능력을 갖추는 것이다. 본인의 의지에 따라 집중력을 키울 수 있어야 하는데 그렇다면 집중을 한다는 것은 과연 어떻게 하는 것일까.

우리가 일반적으로 생각할 때, 주의집중을 한다고 하면 움직이지 않고 한 곳을 응시하는 것이라고 생각하기 쉬운데 주의집중은 이렇게 단순한 것이 아니다. 우선, 주의집중을 잘 하기 위해서는 3가지 조건을 갖추어야 한다.

1. **자신이 선택한 것에 집중을 한다**
   자신에게 불필요한 자극을 무시하고 필요한 자극만을 받아들이는 능력을 말한다. 예를 들어 방에서 책을 읽고 있을 때, 밖에서 들리는 TV소리, 엄마가 전화하는 소리, 식구들이 내는 소리를 모두 무시하고 자신이 공부하고 있는 내용에 몰두할 수 있는 능력을 말한다.

2. 게임뿐만 아니라 공부에도 꾸준히 집중을 한다

'집중력이 좋다'는 것은 자신이 하고 있는 일을 어느 정도 조절할 수 있는 통제력도 함께 갖추고 있는 것을 말한다. 오랜 시간 집중하여 게임에 열중해 있는 아이를 보면 '와, 집중력이 대단한데!'라고 말할 수 있다. 사실 게임이나 놀이처럼 자신이 좋아하고 흥미 있는 것에 집중력을 보이는 경우가 많다. 그러나 게임뿐만 아니라 숙제나 학교 공부처럼 하기 싫고 지루한 것을 할 때도 자신을 조절해가며 어느 정도 집중을 할 수 있어야 한다.

3. 갑자기 대상이 달라져도 주의집중이 되어야 한다

주의집중이 어느 정도 된다고 하더라도 이것만큼 중요한 것이 집중하는 것에서 또 다른 집중의 대상이 생기면 그것에 집중할 수 있어야 한다는 점이다. 이렇게 하던 것에서 다른 것으로 주의를 이동시키더라도 집중력을 잃지 않는 것도 학습과 관련하여 매우 필요한 주의집중의 조건이다.

이렇게 주의집중의 조건을 보면 지유가 주의집중을 제대로 하지 못하고 있음을 알 수 있다. 그렇다면 공부를 할 때 집중을 하지 못하는 이유는 무엇일까?

▶ 정서상태가 불안하다

아이의 불안정한 정서 상태는 집중력을 떨어뜨릴 수 있다. 머릿속에 걱정거리가 가득 들어 있는 아이가 공부에 집중하기 힘든 것은 당연한 일이다. 그런데 집중을 못하고 산만하다고 걱정하는 아이들 중에는 원래부터 집중력이 없다기보다 불안이나 우울 때문에 일시적으로 집중력이 저하되는 경우가 많다. 정서 상태가 불안정한 아이는 안절부절 못하고 말도 조리 없이 많아지는 등 불안정한 행동을 하게 되는데, 이러한 행동이 부모에게는 그저 산만함으로 보일 뿐이다.

▶ 부적절한 양육태도 때문이다

주의집중은 어느 정도는 자신을 조절하고 통제할 수 있는 능력이다. 그래서 어릴 때부터 훈련되어야 하는 것이다. 그런데 '오냐, 오냐' 하며 부모가 애지중지 키운 아이일수록 주의집중력이 떨어질 수 있다. 부모가 아이의 말이나 행동을 거의 다 들어주다 보면 아이는 자신이 하지 말아야할 행동에 대해 자제하고 통제하는 훈련을 할 기회를 잃어버리게 된다. 결국 훈육이 결여된 부모의 양육태도는 아이의 산만함에 일조를 하는 것이다.

▶ **태어날 때부터 주의집중장애가 있다**

간혹 태어날 때부터 주의집중장애를 가진 아이들이 있다. 아동기에 나타날 수 있는 주의력결핍과잉행동장애(일명 ADHD)로 전문가의 진단과 치료가 필요하다.

집중력을 늘려라

1. 문제는 집중력

지유는 일단 공부를 해야 한다는 생각에는 의심이 없다. 그래서 책상 앞에 앉아 있기는 하지만 그만큼 공부의 성과가 있는 것은 아니다. 딴 생각하기에 바쁜데 책의 내용이 눈에 들어올 리 만무하다. 얼마나 공부하느냐보다 어떻게 공부하느냐가 당장의 문제인 것이다.

▶ **내가 달성하고 싶은 목표를 구체적으로 정해 보자**

집중력은 마음먹었다고 그냥 생기는 게 아니다. 집중력을 발휘할 만한 동기가 있어야만 발휘할 수 있다. 게임을 할 때는 레벨 업을 해야 한다는 동기가 있으니까 오랫동안 컴퓨터 앞에 앉아 있는 것이다. 똑같이 한 시간을 공부하더라도 목표 없이 하는 것과 백점을 받겠다는 생각으로 하는 것과는 집중력에서 차이가 날 수밖에 없다.

지유는 어떤 목표가 있어서가 아니라 그냥 공부하는 척만 하는 것과 다를 바가 없었다. 중요한 것은 지금 이 순간 공부를 하는 목표가 있어야 한다는 것이다. 예를 들어 자신의 성적이 중위권이라면 상위권으로 올라가는 것을 목표로 해서 구체적인 등수를 설정하는 것이다.

▶ **공부에 집중이 잘 되는 시간과 장소를 찾아 몰입하자**

같은 자세로 오래 있다 보면 허리나 목 등에 불편함을 느껴 신체적으로 피곤함만 늘 뿐이다. 그보다는 자신이 가장 집중이 잘 되는 시간을 찾아 효율적으로 공부할 필요가 있다. 물론 개개인마다 그 시간대는 다를 수 있다. 누구는 새벽이 될 수도 있고, 누구는 집에 와서 좀 쉬었다가 밤에 공부가 잘 될 수도 있을 것이다.

지유 역시 자신에게 가장 능률적인 공부 시간대를 찾아내는 것이 중요하다. 지금처럼 학교에서 돌아온 후 자기 전까지 대부분의 시간을 책상 앞에서 보낸다면 체력적으로도 버텨내지 못할 수 있다. 그래서 지유는 밤에 일찍 자고 아침 일찍 일어나서 공부하기로 마음먹었다.

▶ 나의 집중력을 방해하는 것들은 다 치워버리자

책상 위나 집 안에 나를 자극하고 유혹하는 물건이 있다면 아무리 자제력이 강한 어른이라 할지라도 집중력을 발휘하기 어렵다. 그래서 무언가에 몰두할 수 있는 물리적 환경을 갖추는 일은 집중력을 높이는 데 꼭 필요한 과정이다.

- 책상 위를 정돈하자

지유를 보면 방이 상당히 어지러운 편이다. 우선 가장 먼저 눈에 띄는 것이 어수선한 보드판이다. 보드판에는 여러 사진과 시간표, 계획표, 편지 등이 어지럽게 붙어 있다. 또 책상 위에는 이런저런 물건들이 놓여 있고, 책꽂이에는 아무렇게나 쑤셔 넣은 참고서와 책들이 있다.

일단 책상을 깨끗하게 정리하고, 보드판에는 주간계획표와 시간표만을 남겨 두고 나머지는 서랍장에 보관하였다. 책꽂이의 책들도 지금 공부에 필요한 책들을 중심으로 참고서와 문제집 그리고 기타로 분류하여 정리했다.

- 컴퓨터와 휴대폰은 저 멀리에

지유의 책상 옆에는 컴퓨터가 있다. 그리고 공부하려고 앉아 있을 때 휴대폰은 늘 책 옆에 놓여 있다. 휴대폰은 친구들과 문자를 주고받아야 하니까 가까운 곳에 두고, 카톡으로 말을 걸어

나의 공부 환경 점검표

공부 방해 요인	개선방안	평가

올 때도 있어서 항상 컴퓨터는 켜 있어야 했다. 또 가끔 가족들이 컴퓨터를 사용하느라 지유 방에 드나들기도 했다.

공부를 제대로 하기 위해서는 컴퓨터를 방에 두는 것이 아니라 가족의 공동생활 공간인 거실로 옮기는 것이 좋다. 그리고 휴대폰은 공부하는 동안 무음으로 해 놓거나, 아니면 아예 안 보이는 곳에 두도록 한다.

내가 공부하는 방은 어떨까? 집중력을 방해하는 여러 가지 요소가 분명히 있을 것이다. 내 공부를 방해하는 요인이 무엇인지 생각해 보고, 그것을 개선할 수 있는 방안과 그 방해요소를 제거한 후에 어떤 결과가 있는지 평가해 보자.

공부에 집중하지 못하는 아이들을 위한 혼공 학습법

1. 왜 공부를 해야 하는지 알아야 한다

- 공부하는 이유나 목표가 없다면 그만큼 집중을 할 수가 없다.

- 구체적으로 그리고 단기간에 자신이 실현할 수 있는 목표를 정해 보자.

2. 내 공부환경을 꼼꼼히 체크해 보자

- 집중력이 선천적으로 부족한 경우는 그리 많지 않다.

- 주변 환경, 특히 공부하는 환경을 꼼꼼하게 살펴보면서 방해요인을 찾는다.

3. 공부환경을 개선하기 위한 점검표를 만들어 보자

- 깨끗하게 방청소만 한다고 공부환경이 좋아지는 것은 아니다.

- 방해요인과 개선방안 그리고 평가를 하면서 가장 최적의 공부환경을 만들어 보자.

나의 학습에서의 주의집중력은?

다음의 체크리스트는 학습에서의 주의집중력을 점검하는 검사입니다. 문항을 잘 읽고 여러분의 생각이나 느낌에 일치하는 곳에 표 하면 됩니다.

	문항	전혀 그렇지 않다	그렇지 않다	보통 이다	그렇다	항상 그렇다
01	집중이 요구되는 일을 할 때 집중하기가 쉽다.	1	2	3	4	5
02	공부가 잘 되는 시간을 알고 있다.	1	2	3	4	5
03	해야 할 일들을 체계적으로 하는 편이다.	1	2	3	4	5
04	시간을 정해 놓고 공부하는 습관이 있다.	1	2	3	4	5
05	집중시간이 긴 편이다.	1	2	3	4	5
06	공부에 집중이 잘 되는 나만의 장소가 있다.	1	2	3	4	5
07	공부에 집중할 때는 다른 소리가 들리지 않는다.	1	2	3	4	5
08	집에서 공부할 때도 한자리에 꾸준히 앉아 공부하는 편이다.	1	2	3	4	5
09	집중이 되지 않을 때에는 잠시 쉬는 편이 좋다고 생각한다.	1	2	3	4	5

10	나의 공부 장소는 깨끗한 편이다.	1	2	3	4	5
11	공부에 집중할 때에는 핸드폰이 울려도 잘 받지 않는다.	1	2	3	4	5
12	나는 공부할 때 최대한 열심히 한다.	1	2	3	4	5
13	나는 학습과제가 주어지면 정해진 시간 내에 완성한다.	1	2	3	4	5
14	모르는 것이 생기면 여러 자료를 찾아 본다.	1	2	3	4	5
15	나는 공부시간을 잘 활용하고 있다.	1	2	3	4	5

결과 알아보기

총점이 60점 이상으로 높으면 주의집중력이 좋은 것이고 점수가 30점 이하로 낮으면 주의집중력이 매우 부족한 경우이다.

학습부진에 빠져 노는 게 더 좋은 아이

노는 게 더 좋았어요

아침에 일어난 도윤이는 주섬주섬 옷과 가방을 챙겨서 학교로 나선다. 가방 안의 교과서는 어제 그대로이다. 본인은 집에 돌아와 열어 보지도 않았고, 엄마도 직장에 나가기 때문에 평소에 수업준비를 챙겨 준다거나 일일이 공부에 신경 쓰지 못하고 있었다.

부모님이 맞벌이를 하기 때문에 도윤이는 어렸을 때부터 학원에 다니기 시작했다. 이런 도윤이를 살뜰하게 보살펴 주지 못한다는 생각에 학원비라도 넉넉히 대 주는 것으로 대신하지만 부모님의 마음이 편한 건 아니다. 그나마 부모님이 보기에 도윤이는 학교 친구들과 잘 사귀고, 또 성적이 좋지 않더라도 꾸준히 학원은 다니고 있으니 마음이 많이 불안하지는 않았다.

그러나 도윤이의 실상은 부모님이 생각하는 것과는 차이가 있었다. 늘 바쁜 부모 밑에서 생활이 자유로운 편인 도윤이는 그저 학교와 학원을 왔다 갔다 하는 것만 잘 지키면 부모님으로부터 별다른 잔소리나 꾸중을 듣지 않았다. 공부나 성적에 대해서도 별 말씀이 없으니까 학교나 학원에 꼬박꼬박 출석하면서 그냥 자리만 지키고 있으면 됐다.

수업을 듣고는 있지만 수업내용을 잘 이해하는 것은 아니었다. 그렇지만 딱히 누가 옆에서 자세히 가르쳐 주거나 도와주지 않는 상황이다 보니 그냥 시간만 때우는 꼴이었다.

"저는 공부를 잘했던 적이 한 번도 없어요. 어렸을 적부터 학교가 끝나면 집에 아무도 없으니까 학원에 갔어요. 그렇지만 학원에서는 잘하는 아이들 위주로 수업을 하니까 진도가 빨리 나가고, 저는 잘 알아듣지도 못하지만 딱히 어떻게 할 수가 없으니까 그냥 듣기만 해요. 그래서 수업시간에 매번 딴생각을 하고 시간이 지나 얼른 집에 갈 수 있기만을 기다렸어요. 이런 제가 공부를 잘할 리 없겠죠. 음…생각해 보면 머리가 나쁜 것 같기도 해요."

학습부진에 빠진 아이들

여러 가지 이유로 성적이 떨어지는 아이들, 이른바 학습부진인 아이들을 쉽게 볼 수 있다. 그런데 이 학습부진이란 선천적으로 학습능력이 떨어진다는 의미보다 자신의 능력에 비해 학업성취도가 떨어지는 것을 말한다.

학습부진은 지적인 결함이 아니라 교육과정에 제대로 적응하지 못하는 현상으로 설명하기도 하고, 같은 학년의 다른 아이들과 비슷한 수준의 학업성적을 얻지 못하는 것이라고 설명하기도 한다. 또 정상적인 학업능력을 갖추었지만 선행 학습이 제대로 되지 않아 학업 성취의 부진으로 이어진다는 견해도 있다.

결국 학습부진이라는 것은 단순히 머리가 안 좋다는 의미가 아니다. 오히려 자신의 지적인 능력에 비해 학업성적이 떨어진다고 보는 게 맞다. 그렇다면 나는 머리는 그럭저럭 괜찮은 것 같은데 왜 성적이 떨어지는 학습부진아일까? 그 원인은 단순하지 않다. 성격이나 태도, 가정환경, 학습동기 등 여러 가지 이유가 있다.

이러한 이유 때문에 발생하는 학습부진은 대개 창의적인 영역보다 지적 활동이 요구되는 과목에서 많이 생긴다. 학습부진은 특히 읽기, 쓰기, 셈하기 등 기초학력의 수준이 떨어지는 것으로 많이 나타나는데 이러한 부진은 대개 개인의 노력과 개별

지도 등을 통해 극복할 수 있다.

도윤이는 바로 기초학력의 수준이 떨어지는 학습부진에 해당된다. 이 경우에는 본인의 노력과 주위의 도움으로 기초학습의 보강과 선행학습 그리고 공부에 대해 적절히 동기부여를 하면 충분히 극복할 수 있다.

공부에 재미를 붙여라

1. 공부에 재미를 붙여라

"공부가 재밌는지 몰랐어요. 그냥 학교, 학원 그리고 집 이렇게 왔다갔다 하다보면 하루가 지나갔거든요. 그런데 이제는 아니에요. 제 머리가 나쁘지 않대요. 노력하면 다른 애들처럼 할 수 있대요. 친구들도, 선생님도 저를 도와주겠다고 했어요. 이젠 수업시간이 즐거워지기 시작했어요."

갑자기 도윤이가 공부를 하고 싶다고 하는 이유가 뭘까? 도윤이는 중학교 2학년이 되어 친한 친구와 다른 반이 된 후 더욱 무료한 하루하루를 보내고 있었다. 그런데 새로운 아이와 짝꿍이 된 후 그 아이를 가만히 보니 지금까지의 짝꿍들과는 조금

달라 보였다. 그 아이는 수업시간에 집중했으며 다 이해하는 것처럼 보였다. 그야말로 모범생이었다. 또 쉬는 시간에 도윤이랑 이런 저런 얘기를 하다가도 수업시간이 되면 바로 선생님의 말씀에 집중하기 시작했다. 도윤이의 새 짝꿍은 시험성적이 좋은 게 당연했다.

어느 날, 늘 그렇듯 공부 안한 상태로 중간고사 시험을 마치고 집에 가는 길에 도윤이의 짝꿍은 선뜻 도윤이에게 공부를 도와주겠다는 제안을 했다. 하지만 도윤이는 공부에 관심 없다며 그냥 집에 와버렸다. 그러나 도와주겠다는 그 친구의 말이 자꾸만 귓가에 맴돌았다.

'이왕 학교 가고 학원 가는 거, 그냥 아무 생각 없이 앉아 있다 올 게 아니라 한번 제대로 들어 볼까? 아니, 들어도 잘 모르겠던데. 늘 어려운 것만 이야기하잖아. 난 어렸을 때부터 공부를 안 해서 하나도 모르겠는걸. 에이, 그냥 이렇게 살자. 아니야. 그럼 조금씩이라도 해 볼까? 짝꿍이 도와준다고도 했고…'

2. 맞춤식 학습을 위한 목표를 세워라

이제부터라도 공부를 제대로 해 보겠다는 도윤이의 의지는 대견하지만 마냥 책만 들여다본다고 될 일은 아니다. 무엇보다 학습목표를 어떻게 세우느냐가 중요하다. 왜냐하면 도윤이는 중학교 2학년이지만 수학은 초등학교 5학년 문제도 못 푸는 정도였고, 영어도 발음은커녕 be동사가 무엇인지도 모르는 상태였다. 이런 상태에서 중학교 2학년 수준의 교과목을 제대로 소화해낼 수는 없었다.

▶ 남들과 다른 나만의 학습목표를 세우자

도윤이는 우선 학교수업을 진도대로 따라가면서 집에서 중학교 1학년 책을 가지고 스스로 공부하기 시작했다. 집합을 공부하고 문제집의 문제를 푸는 것이었지만 쉽지 않았다. 그러나 기초실력을 쌓지 않고서는 지금의 수업을 따라가지 못한다는 것을 알기 때문에 하나씩 차근차근 풀어가기로 했다. 중요한 것은 매일 매일 스스로 계획과 목표를 정하는 것이었다. 도윤이는 성적에 연연하지 않고 기초부터 하나씩 목표를 설정하고 이를 달성하다 보니 예전에는 몰랐던 성취감도 느낄 수가 있었다.

도윤이는 좀 더 구체적으로 자신의 목표와 달성 정도를 알 수 있게끔 계획표를 만들었다. 자신이 세운 목표를 달성했는지 스스로 체크하고, 실천한 정도에 따라 ○, △, ×를 쓰는 과정에

도윤이의 하루 학습계획표

시간	학습계획(구체적)	자기평가
9:00~3:00	온라인 수업	○
3:00~5:00	휴식	○
5:00~7:00	미술 과제하기	○
8:00~9:00	중1 영어 교과서 1장 읽고 단어 정리하기	○
9:00~10:30	중1 수학 집합 부분을 이해하고 문제집 (p.3~5) 풀기	△

서 자신이 얼마나 바뀌어가고 있는가를 한눈에 볼 수 있었다.

▶ **예습보다 복습을 더 철저히 하자**

　도윤이는 학교에서 들은 수업내용의 복습은 반드시 하려고
노력했다. 집에 와서는 부족한 중1 과정을 공부해야 했으므로 2
학년 수업 과정을 예습하는 것은 무리였다. 그래서 수업시간에
잘 듣고 집에 와서 복습을 통해 자신의 실력을 향상시켜 나갔다.

　"처음엔 많이 힘들었어요. 중학교 1학년 과정을 따로 하면서
학교에서는 2학년 과정을 따라가려니 많이 힘들었죠. 기초가
부족한 저로서는 더더욱 그랬어요. 어렸을 때 공부해 둘걸 하는

아쉬움이 많이 들었지만 이제라도 깨닫고 시작하게 된 것이 얼마나 좋은지 몰라요. 힘들지만 재밌어요."

학교에서 배운 것을 한번에 이해하는 것은 기초학습이 부족한 도윤이에게는 어려운 일이었다. 때문에 복습은 반드시 필요한 과정이었다. 1학년 공부를 하는 것은 혼자서 어떻게든 할 수 있었지만 지금 배우는 과정에 대한 복습은 혼자서 하기엔 힘들었다. 그래서 짝꿍의 도움을 받기로 했다.

▶ 나에게 맞는 학습법을 찾아내자

하나씩 목표를 세우고 공부하는 습관을 가진 것만 해도 큰 변화였지만 문제는 공부하는 방법을 잘 모른다는 것이다. 영어 단어는 어떻게 외워야 되는지, 수학은 답안지만 열심히 보면 되는지, 노트 필기는 또 어떻게 해야 하는지 난감할 따름이었다. 그래서 복습을 함께 하는 짝꿍의 공부 방법을 따라해 보기로 했다. 짝꿍뿐만 아니라 다른 아이들의 공부 방법도 관찰하면서 자신에게 맞는 방법을 찾아갔다.

- 나만의 단어노트를 만들자

짝꿍은 도윤이에게 영어를 공부할 때 자신만의 단어노트를 만들라고 했다. 아주 쉬운 단어라도 모르는 단어라면 사전을 찾아 뜻과 발음기호를 옮겨 적는다. 다른 친구들의 단어장은 한 페이지 정도였지만 도윤이의 단어장은 6페이지가 넘었다. 그러나 이건 부끄러운 일이 아니었다. 이왕 기초학습을 충실히 하자고 마음먹은 이상 더욱더 맞춤식 단어장과 공부법이 필요했다.

- 수학문제는 반복해서 풀어 보자

수학은 다른 친구들처럼 문제집을 사서 푸는 것이 아니라 교과서에 있는 예제를 반복해서 풀어 보았다. 답을 가리고 하나씩 풀어 보면서 무엇이 틀렸는지를 확인하는데 틀린 문제는 확실히 알 때까지 반복해서 풀었다. 당연히 시간이 많이 걸렸지만 기초가 없는 상태여서 한 문제라도 확실히 아는 게 중요했다.

- 암기과목 필기는 중요한 포인트가 눈에 띄게 정리하자

도윤이는 그동안 노트 필기는 칠판에 적힌 것과 선생님이 말씀하시는 내용을 그대로 옮겨 적는 걸로 알고 있었다. 그러다보니 노트가 빼곡하게 적혀 있지만 다시 복습을 하려고 보면 어디서부터 봐야 될지 모를 정도로 글자만 적혀 있는 종이였다. 반면, 짝꿍의 노트는 의외로 단순했다. 두세 가지의 컬러펜으로 중요한 것들만 적어 놓아 한눈에 알아볼 수 있게 되어 있었고, 이러한 단계까지 이르려면 평소 예습을 통해 전체적인 흐름을 미리 알고 있어야 가능하다는 것을 알게 되었다.

▶ **10분에서 20분, 책상 앞에 앉아 있는 시간을 늘리자**

　도윤이가 공부를 새롭게 시작했을 때 또 하나의 어려움은 바로 책상 앞에 앉아서 집중을 하지 못하는 것이었다. 계속 엉덩이가 들썩들썩 하는데 아무런 통제가 없는 집에 혼자서 10분 이상을 앉아 있기가 힘들 정도였다. 자리에 앉자마자 조금 있으면 목이 마르고, 또 가방에서 뭘 꺼내야 할 게 있어 움직이는 등 잠시라도 가만히 앉아 있을 수가 없었다. 처음에는 애써 오랫동안 앉아 있으려고 했지만 그 자체가 힘들다는 것을 알고, 처음에는 5분, 10분, 15분 조금씩 앉아 있는 시간을 늘려가기 시작했다.

　처음에는 5분 후 알람을 해 놓고 책상에 앉아 있었다. 책상에 앉자마자 졸음이 몰려오기 시작했지만 엎드려 자는 한이 있어도 책상에 앉는 훈련을 하기 시작했다. 그리고 얼마 후에는 10분으로 알람시간을 좀 늘리고 다시 책상에 앉았다. 그림을 그리기도 하고, 만화책을 보기도 하면서 어쨌든 엉덩이만큼은 의자에 딱 붙여 놓았다. 그리고 며칠이 지나자 15분으로, 그리고 20분으로 책상에 앉아 있는 시간을 늘려갔다. 이런 노력을 계속하다 보니 어느덧 책상 앞에 앉아 졸거나 딴 생각을 하기보다 그날의 과제나 복습을 하는 모습으로 바뀌었다. 이젠 집에 오면 당연히 책상 앞이 도윤이의 앉는 자리처럼 편안하게 느껴지기 시작했다.

3. 내 가슴을 뛰게 하는 일을 발견하라

도윤이는 특별히 되고 싶은 것이 없었다. 단지 열차에 관심이 있을 뿐이었다. 지금은 거의 사라지고 없는 호랑이도색 기관차에 대해 얘기할 때면 도윤이는 신이 났지만 친구들은 귀 기울여 들어주지 않았다. 혼자서 컴퓨터로, 지금은 사라진 기관차를 찾아보기도 하고 그것을 프린트해서 노트에 붙여 두는 정도였다. 그리고 하루 한 번 정도는 그 노트를 펴서 그 기관차를 한 번씩 봐 주는 정도였다.

▶ 내가 하고 싶은 일을 찾아라

이런 도윤이에게 열차박물관 방문은 그의 꿈을 새롭게 하는 시간이 되었다. 기말고사가 끝난 후 우연히 알게 된 친구 삼촌을 따라 열차박물관을 방문하게 되었다. 여기서 도윤이는 자신이 무언가에 흥분하며 흥미를 가지게 될 것이라고는 생각하지 못했다. 그런데 그날은 가슴이 뛰고 즐거운 기분이 가득했다. 드디어 도윤이에게 하고픈 일이 생긴 것이다. 열차를 조종하는 것. 도윤이는 새로운 목표를 가장 잘 보이는 곳에 붙여 두고 목표를 이루기 위해 열심히 공부하리라 다짐했다.

"다른 친구들은 기관차에 관심이 없어요. 그래서 제 얘기를 잘 들어 주지 않아요. 그래서 어느 날부터인가 혼자만 간직하고 있었죠. 그런데 그날 직접 그곳에 가 보고 나서 그런 기관차를 매일 보고 또 내가 직접 조종할 수 있다면 참 즐겁겠다 싶더라고요. 하고픈 일이 생겼어요. 열심히 공부해서 꼭 기관차를 조종하는 사람이 될 거예요.”

▶ 난 잘 할 수 있어

도윤이는 초등학교 때부터 줄곧 공부에 관심도 없고 그러다 보니 잘하지 못하는 것이 당연했다. 그로 인해 자신의 학업능력에 대해 부정적인 생각을 갖게 되었고, 이는 자신의 다른 면에 대해서까지 자신감을 잃게 하는 원인이 되었다.

그러나 도윤이는 한번 해 보자는 생각으로 자신이 잘하는 것을 찾아보고 부족한 것에 대해 하나씩 하나씩 채워가면서 조금씩 자신감을 가질 수 있었다. 이런 자신감으로 시작한 공부가 서서히 좋은 성과로 나타나자 자신도 노력하면 할 수 있다는 생각을 갖게 되었고 남들보다 조금 더 잘하는 것이 있다는 것도 알게 되었다.

이렇게 자신에 대해 긍정적인 생각이 들자 뭐든 할 수 있다는 생각이 들게 되었고 그동안 미뤄 뒀던 것들을 하나씩 시도해 보기 시작하였다. 그리고 이제는 ‘전 못해요’라는 말보다는 ‘제가 한번 해 볼게요’라는 말로 바뀌게 되었다. 이런 태도의 변화로 인해 비단 공부뿐만 아니라 친구관계에서도 인정을 받게 되었고, 도윤이 스스로가 적극적인 모습을 갖게 되었다.

공부하기를 포기했던 아이로 보였기 때문에 그저 도윤이가 다른 사람 방해하지 않고 앉아 있어 주기만을 바라던 선생님도 수업시간에 적극적으로 변한 도윤이를 보면 신기하다. 부모님 역시 변한 도윤이의 모습이 대견한데다가 예전과 달리 공부와 생활에 대한 대화를 나누는 시간이 늘어난 것에 대해 만족해했다.

예시) 도윤이의 영어 공부 계획서

---

1. 1학년 교과서의 단어, 숙어를 완전히 외울 때까지 공부해서 정리한다.

2. 2학년 교과서의 단어, 숙어를 완전히 외울 때까지 공부해서 정리한다.

3. 가장 먼저 외운 것, 두번째로 외운 것, 마지막으로 외운 것으로 구분 채점하여 (색별로 채점) 외운다.

4. 영어 회화 테입 교재 80과를 하루에 2~3편씩 듣고 어머니께 점검을 받는다.

5. '쭉쭉 읽어라' 초급, 중급, 고급 3권을 친구 3명과 함께 어머니께 배운다. 이 책에서는 단어, 숙어, 동음이의어 등을 배울 수 있다.

6. '중학영어 문제집' 1, 2, 3학년 책 3권을 순서대로 공부한다.

도윤이의 계획표는 구체적이다. 이렇게 계획을 세운 후 이를 세분화하여 시간과 함께 계획하여 지키고 평가는 스스로, 혹은 어머니께 점검을 받는 식으로 한다. 그리고 구체적인 교재를 써

놓고 그것을 하면 무엇이 유익한지 적어 놓는 것도 공부할 동기를 불어넣는 데 좋다.

학습부진에 빠진 아이들을 위한 혼공 학습법

1. 자신만의 목표 세우기

- 기초지식이 부족하다면 자신의 수준을 먼저 파악해야 한다.
- 자신의 기초실력이 저학년 수준이라도 그것에 맞는 목표 설정과 실천을 한다.

2. 복습하기

- 기초지식이 부족하다면 예습보다는 복습을 위주로 공부하는 것이 좋다.
- 수업 시간에 집중하라. 그리고 오늘 배운 것은 바로 오늘 되짚고 넘어가라.

3. 학습기술 배우기

- 자기에게 맞는 학습기술을 배우는 것이 중요하다.
- 학습법에 대한 책이라든지 공부를 잘하는 친구들로부터 직접 배우는 것도 좋다.

4. 꿈을 가지기

- 꿈이 있는 사람은 지금 무엇을 해야 할지 명확해진다.
- 자신의 미래를 그려 보고, 그것을 이루기 위해서는 어떻게 해야 하는지를 알아보라.

나의 학습능력과 태도는?

다음은 여러분의 학습능력 및 태도가 어떠한가를 알아보기 위한 셀프 체크리스 트입니다. 각 문항을 차례대로 읽으면서 평소 여러분의 생각이나 느낌에 일치하 는 곳에 표 하면 됩니다.

	문항	전혀 그렇지 않다	그렇지 않다	보통 이다	그렇다	항상 그렇다
01	미래에 대한 인생의 목표가 있다.	1	2	3	4	5
02	목표를 달성하려면 공부를 열심히 해야 한다고 생각한다.	1	2	3	4	5
03	예습해야 할 분량과 목표를 정해 두고 공 부한다.	1	2	3	4	5
04	한 학기 동안 어떤 공부를 얼마나 할지 과목별로 학습목표를 설정한다.	1	2	3	4	5
05	공부하는 이유를 분명히 갖고 있다.	1	2	3	4	5
06	공부를 할 때 궁금한 점이 있으면 쉽게 포기하지 않는다.	1	2	3	4	5
07	시험공부를 하는 이유는 공부한 결과를 점검하기 위해서이다.	1	2	3	4	5
08	누가 시키지 않아도 스스로 알아서 공부 한다.	1	2	3	4	5
09	집중해서 책을 읽는다.	1	2	3	4	5

10	어렵고 이해가 가지 않는 내용이 나와도 끝까지 알아 두려고 노력한다.	1	2	3	4	5
11	최소한 1~2시간 이상 집중해서 공부할 수 있다.	1	2	3	4	5
12	수학이나 과학에서 잘 이해가 가지 않는 내용은 적극적으로 이해하려고 하는 편이다.	1	2	3	4	5
13	가장 좋은 공부법을 찾는 데에만 열중하지 않고, 실천하는 데에도 노력한다.	1	2	3	4	5
14	학원이나 과외수업을 하루 자기 공부시간과 비교하여 과도하게 잡지 않는다.	1	2	3	4	5
15	주변에 나보다 공부 잘하는 친구가 있으면 그를 모방하기 위해 노력한다.	1	2	3	4	5
16	공부하는 것을 습관으로 만들 수 있다.	1	2	3	4	5
17	중간·기말고사를 볼 때 2~3회 반복하여 공부한다.	1	2	3	4	5
18	미리 공부할 내용을 읽어 둔다.	1	2	3	4	5
19	공부 잘하는 친구들의 공부법을 나에게 맞게 바꿔서 실천한다.	1	2	3	4	5
20	암기사항은 한 번에 암기하려고 하지 않고, 여러 번에 걸쳐 암기되도록 한다.	1	2	3	4	5
21	모르거나 이해하기 어려운 내용이 나오면 다른 참고도서들을 찾아보거나 적극적으로 질문한다.	1	2	3	4	5
22	수업 중에 필기를 열심히 한다.	1	2	3	4	5
23	수업시간에 질문거리를 생각하면서 수업을 듣는 편이다.	1	2	3	4	5

24	시험을 대비해서 예상문제를 만들어 본다.	1	2	3	4	5
25	시험을 치루기 전에 시험을 잘 볼 것 같은 생각이 든다.	1	2	3	4	5
26	수업시간 중에 선생님이 나에게 문제를 풀라고 시키는 것이 좋다.	1	2	3	4	5
27	토론을 할 때, 다른 사람과 의견이 달라도 내 의견을 분명하게 발표한다.	1	2	3	4	5
28	수업시간에 자신 있게 발표한다.	1	2	3	4	5
29	선생님이 모두에게 질문을 할 때 답을 알면 큰소리로 대답한다.	1	2	3	4	5
30	시험이 다가와도 차근차근 준비하여 내 실력을 발휘한다.	1	2	3	4	5
31	나는 시험 때가 되어도 평소와 같은 컨디션을 유지한다.	1	2	3	4	5

결과 알아보기

각 영역별로 문항의 점수를 더하여 각 영역의 문항 수, 즉 학습목표(9), 학습태도(7), 학습방법(8), 자신감(7)의 문항 수로 나누어 평균 점수를 구한다. 각 영역의 평균 점수가 3점이 넘으면 그 영역의 특성이 높은 편이라고 볼 수 있다.

	문항 번호	평균 점수
학습목표	1~9 (9문항)	
학습태도	10~16 (7문항)	
학습방법	17~24 (8문항)	
자신감	25~31(7문항)	

전략 10

아이돌 스타에만
정신이 팔린 아이

아이돌을 사랑한 한솔이의 생활

"전 화려한 의상 디자이너가 되고 싶다는 꿈이 있어요. 그런데 그것보다 더 좋은 건 내가 좋아하는 가수를 콘서트나 사인회에 가서 만나는 거예요. 공부요? 에이, 좋아하는 가수가 나오는 유튜브 보기도 바빠요."

한솔이의 하루는 좋아하는 가수가 출연하는 유튜브를 보면서 시작되어 그 가수의 음악을 듣는 것으로 끝이 난다. 게다가 자기가 좋아하는 스타가 나오는 프로그램이라면 아무리 늦은 시간이라도 꼭 챙겨봐야 한다. 생활리듬이 이렇다 보니 한솔이는 늘 피곤하고, 만성두통에 시달려 학교생활도 점점 힘들어졌다.

한솔이는 학교에서도 공부보다 스타가 우선이었다. 등교시간이나 쉬는 시간에 스마트폰로 노래를 들으며 손에는 책 대신 노래가사가 적힌 종이를 보면서 흥얼거리기에 바빴다. 수업 시간에는 필기를 하는 것보다 스타의 이름이나 모습을 그리는 게 다반사였고, 그게 아니면 밤에 잠을 제대로 자지 못한 탓인지 꾸벅꾸벅 졸기 일쑤였다.

방과 후에는 한솔이의 스타사랑이 본격적으로 시작된다. 부모님께 거짓말을 하고 연예기획사나 스타의 숙소를 찾아가 스타의 얼굴을 보기 위해 서너 시간씩 기다리다 돌아오기도 한다. 게다가 용돈의 대부분은 스타와 관련된 것들, 음원 소비나 아이돌 굿즈를 사는 데 사용하지만 한솔이는 결코 돈이 아깝다는 생각이 들지 않는다.

엄마는 한솔이의 이런 모습을 더 이상 지켜보고만 있을 수 없었다. 한솔이의 지나친 스타사랑을 고치기 위해서는 엄마가 일일이 간섭하는 방법밖에 없다고 판단했다. 엄마는 학교나 학원에 갈 때도 직접 데려다 주는 등 한솔이의 개인시간을 전혀 허용하지 않았다. 그런데 이런 엄마의 간섭은 한솔이가 스타를 쫓아다니며 낭비하는 시간은 줄일 수 있었지만 정작 한솔이가 공부를 열심히 하게 만드는 것에는 효과가 없었다.

아이들이 스타에 목매는 이유

예전에는 스타를 접할 기회가 매우 제한적이었지만 지금은 스마트폰, 인터넷 등 대중매체의 급속한 증가로 매우 친숙한 존재가 되었다. 또한 과거에는 부모와 아이가 함께 즐길 수 있었던 대중문화도 이제는 랩이나 힙합 음악과 패션, 컴퓨터 게임과 통신 등 독자적인 10대 문화로 정착되어 그 경계선이 뚜렷해져 서로가 공감할 수 있는 것이 거의 없어진 게 사실이다. 그뿐만 아니라 오늘날 청소년들은 우상화 대상을 쉽게 접할 수 있는 기회를 가지게 되었고, 우상화 현상도 전과는 비교할 수 없을 만큼 강해졌다.

1. 스타를 동경하는 것은 자신의 현실에서 벗어날 수 있는 판타지이다

청소년기에 대중스타를 우상화하는 것은 현실에서의 불만과 욕구를 해소하거나 혹은 도피의 현상으로 볼 수 있다. 입시와 공부로 인한 긴장과 불안정한 정서를 대신 표출할 수 있는 게 바로 대중문화이며 스타이다.

2. 이젠 부모가 아니라 스타에게서 나의 미래를 찾는다

어릴 때만 하더라도 자신과 부모를 동일시하던 아이들은 집이라는 울타리에서 벗어나면서 점점 동일시의 대상이 넓어지는

데 그중 많은 아이들이 스타의 이미지를 닮고 싶어한다.

3. 나의 이상형이 바로 스타다

청소년들에게 스타는 자신이 되고자 하는 역할모델일 수도 있지만, 또 성에 눈을 뜨는 시기에 자신의 이상적인 이성으로 받아들일 수 있다.

4. 스타를 알아야 왕따가 되지 않는다

청소년기는 친구들과의 문화가 중요하며, 또 동질성을 강조하게 된다. 그래서 어느 정도 공통의 관심사가 될 수 있는 스타에 대하여 안다는 것은 자신만의 문화에 적극 들어가는 것을 의미한다.

한솔이 역시 자신이 좋아하는 스타에 대한 우상화 이유를 자신이 생각하는 이상형을 만족시켜 주며 그러한 스타를 닮아가려고 노력한다는 점을 꼽는다.

심리학자 에릭슨_{Erickson}은 청소년기를 '정체성의 확립'과 '정체성의 혼미' 사이에서 변화와 갈등이 일어나는 시기라고 하며, 이 시기에 청소년들은 끊임없이 자신을 발견하기 위한 행동을 하게 된다고 한다. 따라서 반항이나 복종 또는 동조하는 행동 등은 자신의 정체성을 찾기 위한 모습으로 이해할 수 있다.

또 이 시기는 부모와 가정이라는 틀에서 벗어나 또래만의 문화와 집단에 적극적으로 참여하게 되는 시기이다. 그래서 자신들이 숭배하는 우상화의 대상을 따르는 집단에 속하기를 바란다. 아직까지는 자기만의 가치관과 세계관이 없기 때문에 어떤 대상을 두고 자기가 닮고 싶은 심리적 속성이나 태도, 가치관 등을 스스로 닮아가려고 노력하는 과정에서 자신이 원하는 모습이 창출될 수 있기 때문이다.

따라서 한솔이가 스타를 우상화하고 스타에게 집중하는 이유 역시 충분히 자연스럽고 이해받을 수 있는 행동들이다. 그렇지만 한솔이의 이런 행동과 생각이 이해받을 수는 있지만, 한솔이의 학습능력과 태도가 나쁘다는 것이 정당화될 수는 없는 일이다. 스타를 사랑하는 만큼 자신을 사랑하는 한솔이의 모습을 함께 보여 주어야 할 것이다.

아이돌 사랑과 공부를 적절히 조절하자

1. 부모님과의 진지한 대화를 통한 구체적 목표 설정

원래 한솔이의 꿈은 의상 디자이너가 되고 싶다는 것이었다. 막연하게나마 멋진 의상을 자기가 좋아하는 스타에게 입혀 주고 싶다는 생각에서 시작된 꿈이지만 그렇다고 해서 단순히 스타에 대한 사랑만으로 갖게 된 꿈은 아니다. 평소에도 어떤 분야에서 최고가 된 사람을 이상형으로 생각하고 있었으며, 자신 역시 그런 최고가 되고 싶다는 열망을 가지고 있었다. 또한 새로운 무엇인가를 만들고 창조해내는 디자이너가 되는 것은 자신의 적성에도 잘 맞을 거라고 생각했다.

이렇게 단순한 바람으로만 가지고 있던 꿈을 구체적으로 탐색하고 알아보기로 결정한 것은 한솔이를 크게 변화시켰다. 자신의 미래 모습을 결정짓는 진로와 관련된 일이었으므로 혼자서 간단히 결정하기는 쉽지 않은 일이었다. 이런 한솔이의 고민을 알게 된 부모님은 그냥 지나치지 않았다. 디자이너라는 직업과 관련이 있겠다 싶어 미술학원을 함께 알아보고 등록하는 것은 물론이고, 정말 의상 디자이너가 한솔이의 적성에 맞는지를 직접 경험할 수 있는 기회까지 제공해 주었다.

그림을 직접 그려봄으로써 자신의 적성을 정확하게 확인해 볼 수 있었으며, 선생님으로부터 디자이너가 될 수 있는 구체적인 방법도 들을 수 있었다. 그뿐만 아니라 작업현장의 환경이나 업무 등 디자이너들이 하는 일에 대한 정보들도 알게 되었다. 한솔이는 이러한 과정들을 통하여 디자이너가 되고 싶다는 구체적인 목표를 갖게 되었다.

그리고 목표를 달성하려면 예고에 진학해야겠다는 결심을

하고, 거기에 맞춰 공부와 그림 그리기에 많은 시간을 보내기로 했다. 이렇게 구체적으로 목표를 설정한 이후, 한솔이의 생활은 조금씩 바뀌기 시작했다. 예전에는 학교 수업이 끝나면 스타의 숙소에 찾아가거나 팬클럽 활동으로 바빴지만 이제 한솔이의 걸음은 미술학원으로 향한다.

▶ **공부를 잘한 나에게 스타와 함께 하는 이벤트를!!**

한솔이는 그동안 좋아하는 가수의 콘서트를 보고 싶으면 집에서 하는 설거지나 또는 방청소 후 받는 용돈을 절약해서 티켓을 구했지만, 지금은 시간도 없고 용돈도 부족해서 그러지를 못한다. 그림도 잘 그려야 하고 일정한 상위권 학업성적도 유지해야 예고에 진학할 수 있다는 사실은 잘 알고 있지만, 자기가 좋아하는 것을 포기하고 공부만 한다는 것은 분명 큰 스트레스였다. 그러한 스트레스는 그림과 학교공부에 완전히 집중할 수 없게 하는 방해요인이었다.

고민을 한 결과, 중간고사와 기말고사에서 높은 성적이 나오면 자신에게 상을 주기로 결정했다. 그 상은 사랑하는 스타와 관련된 어떤 활동을 하는 것으로 콘서트나 공연관람 티켓을 스스로에게 주는 것이다. 한솔이는 이렇게 새로운 규칙을 스스로 정해 놓고 시험 기간 만큼은 스타에 관한 관심을 자제하기 위해서 노력했다.

"솔직히 시험 기간이라고 해서 제 스타사랑이 식을 수 있겠어요? 그렇지만 스타가 너무 보고 싶을 때마다 '나의 꿈을 이룬 후에는 더 멋진 모습으로 볼 수 있을 거야' '내가 좋아하는 스타처럼 나도 내 분야에서 최고가 되고 싶다'라고 생각하며 공부에 집중하기 위해 노력했어요."

▶ 시험 대비를 위한 시간계획표와 오답노트 작성

한솔이는 의상 디자이너라는 구체적인 목표를 위해 공부와 자유시간을 적절하게 구분하려고 노력했다.

학습시간 관리는 아이들이 자신이 학습해야 할 학습내용과 학습의 양 그리고 학습의 정도를 자신의 상황에 맞추어 현실감 있는 계획을 세울 수 있게 하는 것이 중요하다. 누군가에 의해서 주어진 학습의 양과 시간이 아니라, 아이들이 스스로 정한 학습의 양과 시간은 자신과의 약속이라는 의미에서 학습을 시작하게 하는 중요한 동기가 된다. 뿐만 아니라 자신의 생활을 스스로 관리, 설계하는 경험을 통해서 앞으로의 자신의 인생에 대한 설계능력 또한 가질 수 있게 될 것이다.

또 다른 한솔이의 학습방법은 수학 오답노트의 작성이다. 수학에 어려움을 느끼고 있는 한솔이는 오답노트를 작성하는 학습전략을 사용함으로써 수학공부를 관리해가고 있다.

오답노트 역시 학습자 스스로가 직접 작성하는 것이 매우 중요하다. 오답노트를 작성하면서 틀린 문제를 다시 한 번 풀게 되고 머릿속에 정리가 되기 때문이다. 남이 만들어 주는 오답노트는 아무 소용이 없다. 자신이 틀린 문제와 취약한 문제를 직접 반복 확인함으로써 시험에서 실수도 줄일 수 있는 것이다. 아래 그림은 한솔이가 작성한 오답노트의 정리방법이다.

틀린 문제를 먼저 작성한 후, 왼쪽 칸에는 한솔이가 틀린 방법으로 푼 오답 풀이 과정을 적고 자신이 어느 부분을 모르고 있는지 확인한다. 그리고 문제의 개념과 원리 혹은 공식을 다시 공부한 후 올바른 풀이 과정을 찾아나간다. 그 결과를 오른쪽 칸 풀이 과정란에 다시 써서 정리한다. 다음으로 문제를 틀린 이유가 문제가 어려워서인지, 문제를 제대로 읽지 않아서인지, 아니면 계산상의 실수였는지를 점검한 후, 마지막으로 이 문제에서 가장 중요한 핵심이 무엇인지 다시 확인, 정리해 둔다.

덧붙여 한솔이는 자신이 틀린 문제와 비슷한 유형을 포스트 잇을 사용하여 아래 여유 공간에 정리해 둠으로써 틀린 문제에 대해서 더 확실하게 점검해 나가는 모습을 확인할 수 있다.

맹목적인 아이돌 사랑을 조절하는 혼공 학습법

1. 왜 연예인에 빠져 있는지 스스로 그 원인을 파악하고, 이해하라

- 삶의 목표가 불분명한 청소년기에 무의미한 학교와 학원 수업은 스트레스의 주범이다.

- 스트레스 해소를 위하여 스타사랑을 하는 것은 일종의 도피 행위이다.

2. 갈등의 요인을 없애라

- 부모와의 적극적인 대화를 통해 자신이 가지고 있는 고민을 공유한다.

- 부모와의 대화를 통해 막연하게나마 원하던 꿈과 목표를 구체적으로 설정한다.

3. 목표에 따른 구체적인 행동과 습관을 가져라

- 자신의 장래희망을 명확히 하고, 그것을 이루기 위한 목표를 설정한다.

- 목표를 이루기 위해 무엇을 해야 하는지 세부적인 행동지침을 만든다.

4. 무작정 열심히 하는 게 아니라 '효율적'으로 공부하라

- 추상적인 시간계획이 아니라 과목별, 취약점 등을 고려한 시

간표를 작성한다.

- 오답노트의 활용을 통해 자신의 단점을 보완한다.

5. 동기부여와 보상을 적절히 활용하라

- 장기적인 목표 외에 단기적인 목표 설정을 통해서 성과를 확인한다.

- 목표한 단기 성과를 달성하면 스스로에게 포상을 한다.

다음은 여러분의 스타에 대한 사랑이 어느 정도인지 알아보는 셀프 체크리스트입니다. 각 문항을 차례대로 읽으면서 여러분의 생각이나 느낌에 일치하는 곳에 표 하면 됩니다.

	문항	전혀 그렇지 않다	그렇지 않다	보통 이다	그렇다	항상 그렇다
01	팬클럽 활동으로 공부를 소홀히 해서 성적이 떨어졌다.	1	2	3	4	5
02	팬클럽 활동으로 학교에서의 생활을 소홀히 한다.	1	2	3	4	5
03	스타가 나오는 (TV,라디오) 프로그램은 모두 챙겨본다.	1	2	3	4	5
04	팬클럽 활동에 대부분의 용돈을 소비한다.	1	2	3	4	5
05	스타가 없는 내 생활은 생각할 수 없다.	1	2	3	4	5
06	스타의 스케줄을 잘 알고 있다.	1	2	3	4	5
07	스타가 활동하는 장소를 따라다닌다.	1	2	3	4	5
08	스타를 좋아하는 문제로 부모님과 갈등이 깊다.	1	2	3	4	5
09	스타가 무엇을 하고 있는지 너무 궁금해서 다른 일에 집중할 수가 없다.	1	2	3	4	5

10	스타에 대한 나쁜 이야기를 들으면 매우 화가 나서 분노를 참을 수 없다.	1	2	3	4	5
11	스타를 위한 플래카드 등을 만드느라 잠을 못잔 적이 있다.	1	2	3	4	5
12	스타에게 내 용돈의 수준을 넘는 고가의 선물을 한 적이 있다.	1	2	3	4	5
13	스타의 숙소나 공연장 앞에서 밤새워 기다려 본 적이 있다.	1	2	3	4	5
14	스타의 홈페이지를 방문한다.	1	2	3	4	5
15	스타에게 팬레터를 쓴다.	1	2	3	4	5
16	가족보다 스타가 더 좋다.	1	2	3	4	5
17	스타를 생각하면서 괴로운 생각을 잊는다.	1	2	3	4	5
18	스타를 보고 나면 다시 볼 수 있을 때가 기다려진다.	1	2	3	4	5
19	스타에 오랜 시간 소비하는 것을 그만두려고 노력했지만 결국은 실패했다.	1	2	3	4	5
20	무슨 일을 하기 전에 먼저 스타의 오늘 하루 스케줄을 먼저 체크한다.	1	2	3	4	5

결과 알아보기

각 문항의 점수를 더하여 문항 수(20)로 나눈 평균 점수를 구한다. 이 평균 점수가 3점이 넘으면 전체적으로 평소 스타에 대한 사랑이 지나쳐 학습에 지장을 주는 편이라고 볼 수 있다.

항상 시간에 쫓겨 허둥대는 아이

공부도 바이올린도 잘해야 하는 하윤이

중학생인 하윤이의 일상은 너무나 분주하다. 오후 3시, 학교 수업을 마치고 나면 곧바로 보습학원으로 향하여 종합반 수업을 받는다. 게다가 화요일과 목요일은 바이올린 레슨, 금요일은 피아노 레슨을 받아야 하기 때문에 집에 돌아오면 11시가 넘는다. 이번 달부터는 중국어 수업도 신청해 놓은 상태다. 하윤이는 자신의 하루 일상을 머릿속에 떠올리며 이리저리 시간 계산을 해 보지만 할 일에 비해 하루 24시간은 턱없이 부족하게 느껴진다.

바이올린 켜는 것이 좋은 하윤이는 바이올린 지휘자가 되는 것이 꿈이다. 그런데 문제는 하윤이가 다른 친구들에 비해 바이올린을 늦게 시작했다는 것이다. 엄마는 남보다 늦게 시작한 만큼 몇 배로 더 열심히 해야만 좋은 대학에 갈 수 있다고 하신다. 하윤이 생각도 엄마와 다르지 않다. 다른 친구들은 어려서부터 악기를 시작했으니 하윤이가 다른 친구들을 따라잡으려면 더 많은 시간을 투자하고 연습해야 한다는 것은 당연한 말이다. 그러나 매일 매일 24시간이 모자랄 정도로 바쁘게 생활해야 한다고 생각하면 가끔씩은 너무 갑갑해서 숨이 막혀온다.

학교에서 하윤이의 성적은 매우 우수한 편이다. 국어, 영어, 과학 등의 과목은 매번 95점 이상은 거뜬히 넘긴다. 그런데 수학은 90점을 넘기지 못할 때도 있다. 그래서 바이올린 연습하기에도 시간이 빠듯한데 엄마는 학교 공부도 소홀히 하면 안 된다며 자꾸만 수학문제집을 사다 주신다. 책상에 쌓여 있는 문제집을 쳐다보면 하윤이는 한숨만 나온다.

타인을 의식한 완벽주의에 빠진 아이들

부모님은 가끔씩 우리를 당신의 분신으로 생각하는 경향이 있다. 우리의 재능에 대한 주변의 칭찬은 곧 부모님의 기쁨이고 삶의 이유가 된다. 그래서 우리의 일거수일투족을 체크하고 스케줄링하여 좀 더 완벽한 아이를 만들어 내려고 하는 것이다. 이렇게 나에게 완벽을 요구하는 부모님 때문에 우리는 심리적으로 엄청난 부담을 느끼게 되고 나아가 부모님과의 갈등으로까지 이어지게 된다.

인간은 신이 아니기에 사실상 완벽해진다는 것은 불가능하다. 그러나 부모님이 나에게 자꾸만 '완벽한 모범생'이기를 바란다면 갈등이 생길 수밖에 없다. 그리고 그런 요구는 나 자신을 위한 것이 아니라 부모님을 위한 것이라는 생각이 들 수도 있다. 그러나 완벽주의를 추구한다는 것이 무조건 나쁜 것은 아니다. 나의 능력에 맞춘 건강한 완벽주의는 오히려 나 자신을 발전시키는 데 도움이 될 수 있다.

1. 완벽함을 추구한다는 것은 어떤 것일까?

하윤이 엄마처럼 타인을 만족시키기 위한 완벽주의는 겉만 번지르르한 부실공사의 집과 같다. 밖에서 볼 때만 그럴듯할 뿐이다. 그렇다면 내실 있는 완벽주의를 추구하기 위해서는 어떻게 해야 할까. 완벽주의는 크게 '건강하지 못한 완벽주의'와 '건강한 완벽주의'로 나누어서 생각할 수 있다.

▶ '건강하지 못한 완벽주의'는 부실한 다리와 같다

'건강하지 못한 완벽주의'는 다른 사람의 시선을 의식하면서 만족감을 얻기 위해 노력하는 완벽주의를 말한다. 하윤이처럼 나름대로 최선을 다하며 열심히 하고 있는데도 부모님이 자꾸만 '좀 더! 좀 더!'를 외치면서 다그친다면 자연히 의욕이 상실될 수밖에 없다. 다른 사람의 기준을 만족시키려고 하다 보면 항상 자신은 뭔가 부족하고 못나 보이는 상황까지 오게 된다. 이럴 때는 부모님에게 솔직하게 이야기하는 것이 좋다. 즉, 내가 더 힘을 내기 위해서는 '최선을 다한다'는 긍정적인 평가가 필요한 것이지, '당연히 해야만 하는 것'으로 여기고 '좀 더! 좀 더!'라며 다그치는 것은 오히려 역효과가 난다고 말이다. 열심히 노력하고 있는 나에게는 채찍이 아닌 당근이 약이 된다는 것을 부모님에게 알릴 필요가 있는 것이다.

▶ '건강한 완벽주의'는 나 자신에 대한 성찰이다

스스로 정의한 기준을 만족시키려고 노력하는 '건강한 완벽주의'는 긍정적인 측면이 강하다. 단순히 실패하지 않으려는 것뿐 아니라, 자신의 행동에서 최선을 다해 완벽함을 이루려고 하기 때문에 본인 스스로 하고자 하는 의지가 강해질 수밖에 없다. 하윤이처럼 학업과 예능을 병행한다는 것은 쉬운 일이 아니다. 특히 중학교에 와서 처음 바이올린을 시작했다면 더욱 더 그렇다. 그러므로 학업과 바이올린을 병행할 수 있도록 하기 위해서는 하윤이 스스로 그 두 가지를 해야 하는 이유를 자기 스스로가 납득을 하고 있어야 한다. 왜 자신이 바이올린을 선택했는지 그 이유를 분명히 확인하고, 목표를 명확히 하는 과정이 있어야 하는 것이다. 단순히 엄마의 권유에 의해 바이올린을 하는 것이라면 지금과 같은 열정과 노력을 지속적으로 유지해가기 힘들다. 또한 시련을 당하게 되면 이를 극복하기도 어려울 것이다. 그러나 자신이 예고를 가야하는 이유와 그 준비과정을 명확히 알고 있다면 신체적, 시간적 어려움이 닥치더라도 극복해 나갈 수 있으며 이것이 바로 '건강한 완벽주의'를 추구해 나가는 과정이다.

자투리 시간 활용으로 공부시간을 확보하라

1. 시간 관리

다른 친구들과 달리 학원도 다녀야 하고 레슨도 받아야 하는 하윤이는 시간이 절대적으로 부족했다. 그래서 부족한 공부시간을 확보하기 위해 시간을 좀 더 효과적으로 관리할 수 있는 방법을 찾기로 했다. 하루는 누구에게나 24시간이다. 그러나

24시간을 누구나 효율적으로 사용하는 것은 아니다. 하윤이는 무의미하게 소비하는 시간을 찾아서 남들보다 조금 더 유용하게 사용하면 시간을 절약할 수 있을 것 같았다.

그러기 위해서 우선 일주일간 자신이 시간을 어떻게 사용하고 있는지 먼저 점검할 필요가 있었다.

▶ 자투리 시간을 활용하자

공부를 하려고 해도 도무지 시간을 낼 수 없는 상황이었다. 그나마 자유롭게 활용할 수 있는 시간은 학교에서 생활하는 시간과 주말뿐이었다. 그래서 하윤이는 학교 수업시간에 충실한 것이 가장 효과적으로 시간을 사용하는 것이라는 생각이 들었다. 그리고 지금까지 별 의미 없이 보냈던 '자투리 시간'을 활용해 보기로 했다. 자투리 시간을 활용하기 위한 전략은 다음과 같다.

– 학교 갈 준비와 예습을 동시에 한다

국어, 수학, 영어 등의 주요 과목은 수업 전에 예습을 하는 것이 중요하다. 그러나 시간을 따로 내서 예습을 할 시간은 없었다. 그래서 아침에 책가방을 싸면서 수업시간에 배울 교과서의 내용을 눈으로 한번 훑어보는 정도로 하기로 했다. 영어 단어는 큰소리로 한 번씩 읽어보는 수준에서 예습을 했다.

학교에서도 쉬는 시간에 낮잠을 자거나 친구와 잡담을 하면 머리가 산만해지고 집중력이 떨어져 다음 시간에 영향을 주었다. 그래서 수업시간 5분 전에 교과서의 내용을 눈으로 읽어 보면서 수업을 준비하고 마음을 가다듬었다. 그렇게 하니까 조금 더 쉽게 선생님의 말씀에 집중할 수 있었고, 이전 시간에 배웠던 내용과 새로 배우는 내용을 효과적으로 연결지어 볼 수 있었다.

– 그날 배운 내용은 그날 암기하자

시간을 따로 내서 모든 과목의 내용을 매일 복습하기는 쉽지 않다. 수업시간에 배운 내용을 까먹지 않는 가장 좋은 방법은 '되도록 빨리 반복하는 것'이다. 그래서 하윤이는 그날 배운 내용은 24시간이 지나기 전에 암기하기로 결심했다. 급한 일이 없으면, 수업이 끝나고 나서 '5분' 정도 그 시간에 배운 내용을 머릿속에 그려 보거나 수업시간에 필기한 내용을 확인하였다.

이해가 되지 않는 부분에는 물음표를 해 놓고 점심시간이나 학원에 다녀와서 정리하는 시간에 꼭 확인하고 지나갔다. 이처럼 모르는 내용은 반드시 하루가 지나기 전에 확인하는 노력을 했다. 이런 방법을 사용하니 10분 정도의 짧은 시간을 투자해도 교과 내용을 기억할 수 있었고 학교에서 배운 내용을 복습하고 마무리하는 시간을 절약할 수 있었다.

– 이동 시간도 놓치지 말자

공부 시간이 절대적으로 부족한 하윤이는 바이올린, 피아노 등 레슨을 받으러 가는 동안의 시간을 활용하기 위해 자신만의 '종합노트'를 만들었다. 그날 학교에서 배운 핵심적인 내용, 잘 기억되지 않는 내용들을 포스트 잇에 정리하여 종합노트에 붙이고, 간단하게 질문과 답을 만들어 이동하는 중간 중간에 보았다. 각 과목마다 따로따로 정리한 것이 아니라 노트 한 권에 다 정리되어 있어서 무겁지도 않고 그날그날 수업한 내용을 머릿속으로 확인해 볼 수 있어서 효과적이었다.

▶ **주말에 부족한 공부를 한다**

주말은 쉬는 날이라는 통념을 버리고 한 주간의 학습내용을 복습하는 시간으로 정했다. 모든 학습은 일정한 시간을 단위로 주기적으로 반복할 때 그 효과가 가장 커진다고 했다. 그래서 비교적 시간적 여유가 있고 여러 교과와 단원을 종합적으로 볼 수 있는 주말에 한 주의 내용을 복습하였다.

주중의 자투리 시간을 활용한 예습, 복습은 그날그날의 진도는 따라갈지 몰라도 전체적인 맥락을 파악하기에는 부족했다. 이렇게 주말에 한 주일 동안 배운 내용들을 정리하는 방법은 전제석인 틀 속에서 각각의 내용을 유기적으로 연결 지어 기억을 향상시킬 수 있었다.

바쁜 일과로 시간이 부족한 아이들을 위한 혼공 학습법

1. 자투리 시간을 활용하라

- 하루 24시간이 부족하다고 하면서 실제로 버리는 시간이 많다는 것을 알아야 한다.

- 시간을 절약하는 나만의 아이디어를 찾아보자.

- 시간이 적게 걸리는 일을 먼저 한다.

- 일을 '동시에' 하는 습관을 들인다. 예를 들어 책가방을 싸면서 오늘 할 교과목의 제목 훑어보기는 시간을 보다 효율적으로 사용할 수 있는 방법이다.

- 일의 결과보다 시작에 초점을 맞춘다. '한 번 해 보자!'라는 생각으로 시작한다면 시간을 허비하는 일이 더 적을 것이다.

2. 자신의 학습 최적시간 Prime Time**을 찾아라**

- 하루 종일 책상 앞에 앉아 있는다고 공부가 잘 되는 것은 아니다.

- 일의 능률이 가장 높은 시간에 공부를 해야 집중력과 효과를 얻을 수 있다.

나는 시간 관리를 얼마나 잘하고 있을까?

다음은 여러분이 시간 관리를 얼마나 능률적으로 하고 있는지를 알아보기 위한 체크리스트입니다. 각 문항을 차례대로 읽으면서 여러분의 생각이나 느낌에 일치하는 곳에 표 하면 됩니다.

	문항	전혀 그렇지 않다	그렇지 않다	보통 이다	그렇다	항상 그렇다
01	나는 공부가 잘 되는 시간은 비워 놓고 그 시간에는 공부만 한다.	1	2	3	4	5
02	나는 공부시간을 잘 활용하고 있다.	1	2	3	4	5
03	나는 효과적으로 공부하기 위해 시간 계획을 세워 공부한다.	1	2	3	4	5
04	나는 공부할 내용이 재미없고 지루하더라도 끝까지 공부한다.	1	2	3	4	5
05	나는 매일 일정한 시간을 정해 놓고 공부한다.	1	2	3	4	5
06	나는 공부를 잘 하기 위해 식사, 수면, 운동 등을 규칙적으로 한다.	1	2	3	4	5
07	나는 선생님이나 부모님이 시키기 전에 스스로 알아서 공부한다.	1	2	3	4	5
08	나는 학습 과제가 주어지면 정해진 시간 내에 완성한다.	1	2	3	4	5
09	나는 시험 일정표와 숙제 마감 날짜 등을 눈에 잘 띄는 곳에 적어둔다.	1	2	3	4	5

10	나는 규칙적으로 학교에 출석한다.	1	2	3	4	5
11	나는 공부할 때, 최대한 열심히 한다.	1	2	3	4	5
12	나는 숙제를 정해진 시간까지 다 끝내 놓는다.	1	2	3	4	5

결과 알아보기

각 문항의 점수를 더하여 문항 수(12)로 나눈 평균 점수를 구한다. 이 평균 점수가 3점이 넘으면 시간관리를 능률적으로 한다고 볼 수 있다.

전략 12

공부보다
잠을 더 많이
자는 아이

준호의 생활

준호는 중학교 1, 2학년까지는 학교에서 모범생이었다. 그런데 중학교 3학년이 되면서부터 무슨 잠이 그렇게 쏟아지는지 공부는 아예 하지 않고 틈만 나면 엎어져 자기 일쑤였다. 시도 때도 없이 쏟아지는 잠으로 인해 숙제도 못해갈 뿐만 아니라 성적도 자꾸만 떨어져 엄마와의 다툼도 잦아졌다.

고등학교에 입학하고 난 뒤에도 잠은 여전히 준호를 괴롭혔다. 시험이 일수일도 채 남지 않았는데 주말동안 계속 잠만 자고, 또 억지로 깨워 놓아도 의자에 앉아서 꾸벅꾸벅 졸았다. 그렇다고 준호가 공부하기 싫어서 일부러 잠을 자려는 게 아니다. 오히려 공부는 하고 싶은데 계속 잠이 오니까 오죽하면 잠 안 오는 약인 각성제까지 찾을 정도로 심각한 상황이 계속 되었다. 준호 엄마는 너무 걱정이 된 나머지 혹시 우울증이 아닐까 해서 병원에 데리고 갔는데 진단결과 '집중력 부족'이라는 말을 들었다. 곰곰이 생각해 보니 준호는 책상에 책을 펴놓고 앉아 있으면 다른 생각을 하면서 머리가 아프다고 엎드려 자버리는 것을 종종 본 적이 있었다. 준호의 이런 모습을 엄마는 사춘기라서 찾아온 슬럼프라고 보았다.

그러나 그건 단순히 사춘기의 슬럼프가 아니었다. 준호는 외동아들이라 엄마의 관심과 지극한 사랑을 받으며 자랐다. 어릴 때부터 준호의 공부를 돌봐 주기 위해 과외와 학원을 보냈지만 언제부터인가 준호는 그런 식의 공부가 싫증이 나기 시작했다. 그렇지만 대놓고 엄마에게 불만을 털어놓지 못한 준호는 공부해야 하는 시간에 잠을 자는 식으로 자신의 감정을 표현해왔다. 그런 식으로 잠을 자던 버릇이 그만 습관이 되어 공부를 하려고 하면 잠부터 먼저 오는 것이었다.

슬럼프는 피할 수 없다

공부를 하거나 다른 무엇을 하더라도 소위 말하는 슬럼프는 찾아오기 마련이다. 프로야구 선수를 보더라도 몇 년 동안 좋은 성적을 내다가도 한 순간에 성적이 곤두박질치는 경우가 많다. 공부를 할 때도 역시 비슷한 슬럼프를 겪는 경우가 있다.

시험 때를 제외하고는 매일 학교에서 친구들과 어울려 놀거나 운동을 하다가 집에 돌아와서 두세 시간씩 텔레비전을 보는 생활을 하다가 갑자기 하루 종일 책상에 앉아 있으려면 보통 어려운 일이 아니다. 혹은 평소에 음악을 들으며 공부를 하는 둥 마는 둥 건성으로 책을 들여다보다가 시험 기간이기 때문에 집중해서 책을 보려고 하면 온몸이 쑤셔오기 시작한다.

이렇게 공부를 해오다가 이제부터 제대로 하려고 평소에 노는 시간을 줄이고, 또 음악도 듣지 않고 공부를 해 보려고 하면 뭔가 어색하거나 제대로 집중이 안 될 수 있다. 이것은 일종의 금단현상과 같다. 누구나 한 번쯤은 겪었을 법한데, 이런 금단현상은 매우 강력해서 심지어 몸에 이상 반응까지 나타날 수 있다. 그렇기 때문에 괴로운 순간을 극복하지 못하고 몸이 편한 상태로 공부를 하게 된다. 음악을 듣거나 건성으로 공부를 하는 많은 학생늘이 바로 이런 이유 때문이다.

자신을 이기기 위해 노력하라

1. 규칙적인 생활을 하라

준호는 잠자는 것에 너무 익숙해진 자신의 습관을 바꾸기로 결심했다. 지금 당장 얼마나 성적을 올릴 수 있을까를 고민하기보다 앞으로 어떻게 공부할 것인가를 고민하는 게 더 중요하다고 생각했다.

▶ **정해진 시간에 잠을 자고, 일찍 일어나는 습관을 가진다**

예전에는 특별한 일이 없으면 그냥 자버렸는데, 이제부터는 공부를 하지 않는다고 해서 잠을 자는 것이 아니라 다른 무엇인가를 하기로 했다. 당장은 공부에 흥미가 없어도 책을 본다고 책상 앞에 앉아 고집스럽게 버티기보다는 자신이 흥미를 가질 만한 것을 찾아 정해진 취침시간까지 버티기로 했다.

그리고 정해진 시간에 자는 것뿐만 아니라 일찍 일어나는 것도 중요하다는 생각이 들었다. 늦잠 자던 버릇을 고친다는 게 힘들기도 했다. 처음에는 아침에 졸리기만 했고, 그다지 효율적이지도 않은 것 같아 짜증이 났지만 몇 주가 지나니까 최소한 아침에 잠이 쏟아지는 일은 없어졌다.

"매일 늦잠만 자다가 이제는 일찍 일어나니까 좋은 점이 많은 것 같아요. 이른 아침의 맑은 공기를 마시며 새소리, 발걸음 소리, 자동차 지나가는 소리를 들으며 책을 보는데, 마치 내가 새로운 사람이 된 것마냥 착각이 들기도 했어요"

무엇보다도 중요한 변화는 머리가 맑아졌다고 느낀다는 것이다. 이전보다 잠자는 시간은 줄었지만 오히려 더 상쾌한 기분이 들고, 또 규칙적인 생활이 주는 혜택을 서서히 느끼게 된 것이다.

▶ **집중력을 키우기 위해 나에게 맞는 공부환경을 만든다**

준호의 병원 진단 결과는 집중력이 떨어진다는 것이었다. 산만한 것도 아닌데 집중력이 떨어져 잠을 잔다는 의사의 말에 일단 자신의 집중력에 방해가 되는 것을 찾아내어 없애기로 했다.

– 도움이 되지 않는 물건은 안 보이게 치워라

먼저 집중에 도움이 되지 않는 것들을 책상 위에서 치우기로 했다. 컴퓨터와 MP3, 핸드폰 등 공부에 도움이 되지 않는 것들을 따로 두었다.

책상을 정리하고 난 뒤에는 공부를 시작하기 전에 벽 한가운데에 매직으로 동그란 점을 찍고 그것을 5분 정도 주시한 다음에 책을 보기 시작했다. 5분 동안 바라본다는 게 그렇게 오래 걸리고, 또 견디기가 힘들 줄은 몰랐다. 그러나 일단 처음 시작을 제대로 하기 위한 과정으로 생각하고 계속 시도했다. 엄마도 밖에서 준호가 모르게 지켜보다가 졸거나 다른 행동을 보일 때 어깨를 주무르면서 잠을 깨우곤 했다.

– 나에게 맞는 공부장소를 찾아라

다른 사람들은 조용한 장소에서 공부가 잘 된다고 하는데 준호는 너무 조용하면 오히려 잠이 와서 토, 일요일에는 도서관에서 공부하는 습관을 기르도록 했다. 그런데 도서관에서는 잠은 이길 수 있을지 몰라도 공부에 집중할 수가 없었다. 그래서 적당히 조용한 자신의 방에서 공부가 잘 되는 시간에 하기로 했다. 준호의 경우 낮보다 밤에, 비 오는 날 공부가 더 잘되는 것 같다고 했다. 준호는 자기에게 맞는 공부시간과 장소를 정한 것이다.

– 처음에는 짧고 가볍게 시작하자

처음에는 자신이 꼭 할 수 있는 범위 내에서 가벼운 과제를 가지고 시작했다. 일단 정해진 시간에 졸지 않고 공부를 한다는 것에 의미를 두었기 때문에 다른 친구들에 비해서 짧은 시간이고 좁은 범위의 공부지만 개의치 않았다.

준호는 잠만 자는 자신의 모습이 아닌 '나도 맘만 먹으면 공부할 수 있는 아이구나' 하는 생각에 뿌듯했다고 한다.

▶ 30분 단위의 계획을 세운다

준호는 다른 학생들과는 달리 계획표부터 세우는 것이 아니라 자기가 하루를 어떻게 보내는지 먼저 정리해 보았다. 그동안 공부보다는 잠을 많이 잤기 때문에 계획을 어떻게 세워야 할지도 막막했고, 계획대로 해야 한다는 것 자체가 부담이었기 때문에 그것을 지키지 못했을 때는 좌절감이 더 커질 것을 우려해서 몇 주 동안 자신을 지켜본 후 지킬 수 있는 계획표를 작성했다. 그래서 긴 시간을 공부하기보다 단 30분이라도 맑은 정신에서 집중적으로 공부할 수 있게 계획을 짰다고 한다.

처음에 계획표 짜는 데 꼬박 하루가 걸렸다고 한다. 자신의 수준과 능력에 맞는 학습 계획을 세우기 위해서 여러 가지를 고려했기 때문이다. 자신이 하루에 공부할 수 있는 양이 얼마나 되는지, 어떤 과목이 얼마나 부족한지 스스로 잘 몰라 어려움을 느꼈다. 여러 번 시행착오를 겪은 후 자신의 상황과 능력 그리고 현실과 맞는 계획표를 짤 수 있었다.

앞으로는 주간 계획표 외에 일일 학습 계획표를 별도로 만들어 책상 앞에 붙여두고, 한 가지씩 계획했던 것을 마칠 때마다 지워나가야겠다며 학습에 대한 의지를 보였다.

▶ 원리를 이해하려면 기본에 충실해야 한다

중학생일 때 공부를 잘했던 준호지만 고등학교에 올라와서는 공부하는 시간보다 자는 시간이 더 많았던 탓에 전체적인 내용과 기본 원리를 익히는 것이 무엇보다 시급했다. 교과서의 기본적인 원리만 제대로 이해한다면 공부가 조금은 더 재미있어질 것이라는 생각에 자신만의 공부법을 찾았다. 일단 학교 수업에 충실하기로 했다. 선생님이 마음에 들지 않는다거나 수업분위기가 싫다는 이런 저런 이유로 수업에 집중하지 못한다는 핑계를 대면서 집중하지 않았던 예전과는 달리 하나라도 더 배운다는 생각으로 수업을 들었다.

"과외나 학원에서 가르치는 것은 어디까지나 보충적인 내용이죠. 특별히 많은 돈을 주면서 기초부터 배우는 과외가 아니라면 대부분 보충을 위한 강의에 익숙한 선생님이 과외를 하는데 학교 수업에서 기초적인 것을 제대로 공부하지 않은 상태에서 사실 큰 효과가 없어요."

교과서를 제대로 이해하면 문제집이나 참고서를 보더라도 이해가 더 잘 되는 것 같았다. 예전에는 몰랐는데 참고서는 말 그대로 참고하기 위해 보는 것이고 교과서를 완벽하게 이해하는 것이 올바른 공부라는 것을 깨달았다.

▶ 그룹스터디로 함께 공부한다

준호는 학교에서 친구들과 함께 있을 때는 잠을 자지 않는다고 한다. 그래서 혼자 공부하는 것보다 친구들과 함께 하면 잠을 이겨내는 데 도움이 될 것이라고 생각했다. 그래서 엄마와 의논해 그동안 받던 과외를 그만두고 학원에 다니기로 했다. 그러나 잠은 자지 않았지만 공부에 도움이 되지도 않았다. 그래서 생각한 것이 바로 '그룹스터디'이다. 몇 명이 모여 하다 보니 긴장감도 생기는 효과가 있었다. 게다가 함께 고민하고 대화를 나눌 수 있는 친구가 있다는 사실 하나로도 성적이나 점수로 따질 수 없는 값진 선물을 함께 얻었다는 사실에 만족했다.

2. 미래의 자신의 모습을 상상하며 편지 쓰기

준호는 걸음마부터 다시 시작한다는 생각으로 자신을 바꾸기로 결심했다. 그리고 변화를 위해 노력하는 자신의 모습에 만족하면서 계속 이어지기를 바라는 것은 당연하다. 그런 의미에서 나태해지는 것을 경계하고 계속 의지를 다질 수 있도록 스스로에게 편지를 쓰기로 했다. 잠만 자는 자신을 질책하고 발전된 자신의 모습을 위해 마음을 다시 가다듬을 수 있도록 자신만의 문장으로 자신을 다스린다고 한다. 한 번 쓰고 버리는 것이 아니라 책상 앞에 잘 보이도록 붙여 놓았다고 한다. 처음엔 부모님이 볼까봐 자기가 있을 때만 붙였다 떼었다를 반복했는데, 그

편지를 우연히 본 부모님이 감동하시는 모습을 보고 이제는 책상 앞에 떡하니 붙여 놓았다.

준호는 '학습일기'를 한번 써 볼까 하는 생각도 하고 있다. 그러나 처음부터 너무 많은 욕심을 부리면 쉽게 싫증을 내서 전처럼 공부를 놔버릴 수 있기 때문에 괜히 욕심을 부리며 이것저것을 하기보다 나중에 하기로 했다.

자신을 이기기 위한 혼공 학습법

1. 문제의 원인을 찾아라

- 잠자는 것이 문제라고 해서 무조건 안 자면 되는 게 아니다. 원인을 찾고 집중할 수 있는 환경을 만든다.

2. 교과서가 바로 해답이다

- 교과서는 가장 기본적인 학습도구이다.
- 적은 시간에 많은 효과를 기대할 수 있는 게 바로 교과서를 제대로 이해하는 것이다.

3. 30분 계획으로 집중력을 키우자

- 각오를 한다고 해서 책상 앞에 오래 앉아 있을 수 없다.
- 실천할 수 있는 시간과 집중할 수 있는 계획을 세운다.

4. 늘 반성하고 평가하자

- 변화를 꾀할 때 중요한 것은 초심으로 돌아가는 것이다.
- 내가 왜 이런 변화를 원하는지를 명확하게 써서 들여다본다.

5. 적당한 긴장감을 유지할 수 있는 환경을 만들자

- 공부를 할 때 적당한 긴장감은 필요하다.
- 그러나 더 중요힌 것은 나에게 맞는 환경을 찾는 것이다.

SELF CHECK LIST **나의 집중력은 어느 정도일까?**

다음은 개인의 집중력 발휘에 도움이 되는 물리적 환경이나 생활 습관을 갖추었는지를 점검해 보기 위한 것입니다. 각 문항을 차례대로 읽으면서 여러분의 생각이나 느낌에 일치하는 곳에 표 하면 됩니다.

	문항	전혀 그렇지 않다	그렇지 않다	보통 이다	그렇다	항상 그렇다
01	공부할 때는 전적으로 공부에만 집중한다.	1	2	3	4	5
02	시험 칠 때 답을 알고 있는데 실수로 틀리는 경우는 별로 없다.	1	2	3	4	5
03	학습 계획 짤 때 휴식 시간을 두어 잠깐씩 몸과 마음의 긴장을 풀어 주는 편이다.	1	2	3	4	5
04	공부할 때나 책을 읽을 때 나도 모르게 몰입돼 시간 가는 줄 모를 때가 자주 있다.	1	2	3	4	5
05	하루 중 가장 공부가 잘되는 나만의 시간대를 알고 있다.	1	2	3	4	5
06	시험 때가 다가오면 평소보다 공부가 더 잘된다.	1	2	3	4	5
07	집중력이 떨어지면 과목이나 공부 계획을 바꾸어서 공부할 줄 안다.	1	2	3	4	5
08	한번 자리에 앉으면 계획한 것을 마칠 때까지 일어나 돌아다니지 않는다.	1	2	3	4	5
09	공부할 때 음악이나 라디오를 틀어놓는 일이 없다.	1	2	3	4	5

10	시험 기간에는 좋아하는 텔레비전 프로그램이나 컴퓨터 게임을 자제할 수 있다.	1	2	3	4	5

결과 알아보기

총점이 높을수록 집중력 발휘에 도움이 되는 물리적 환경이나 생활 습관을 갖추었다고 판단할 수 있다. 본 체크리스트의 점수의 합계가 40점 이상이면 집중력을 발휘하는 방법을 알고, 필요한 환경을 갖추고 있는 학습자이다. 30점 내외이면 중간 정도의 집중력을 가지고 있다고 볼 수 있고, 20점 이하이면 일상에서 체계적인 집중력 훈련이 필요한 학습자로 볼 수 있다.

스스로
해내는
공부의
폭발력

3부

부모가
꼭 알아야 할
5가지 혼공 지침

내 아이를
제대로 알자

흔히 부모들이 저지르기 쉬운 실수가 있다. '내 아이는 내가 가장 잘 안다'는 것이다. 이 오류에 빠져 버리면 답이 없다. 쉽게 판단하고 고민하지 않고 결정을 내려 버린다. 자기 자신에 대해서도 잘 안다고 말할 수 없는게 현실인데 하물며 자식을 잘 안다고 착각하는 건 시작부터가 잘못되었다.

앞서 말했듯 혼공의 시작은 자기 자신을 아는 것에서 시작한다. 그런데 아이들은 아직 발달 단계에 있기에 자기자신에 대해 아는 것이 익숙하지 않다. 이때 부모가 해야 할 역할은 아이를 잘 관찰하는 것이다. 막상 관찰이라는 잣대를 가지고 자녀를 바라보게 되면 놀랄 일이 생긴다.

'아니, 우리 아이한테 저런 면이 있었나?'

학업에 집중하지 못하여 10분도 의자에 앉아있지 못한 아이 때문에 걱정스러웠는데, 자세히 살펴보니 컬러북을 가지고 색칠하는 데에는 두 시간도 거뜬하다. 만약에 아이를 관찰하는 시간을 갖지 못했더라면 아마 아이의 새로운 면을 보지 못했을 수도 있다는 생각에 속으로 뜨끔할 수 있다. 반대로 아이가 성실히 공부한다고 생각하고 있는데, 자세히 살펴보니 멍하니 앉아있는 시간이 대부분일 수도 있다.

아이를 관찰하는 것은 부모, 즉 양쪽에서 시도하는 게 좋다. 혹시 그럴 만한 상황이 못 되는 특별한 경우를 제외하곤 엄마와 아빠 양쪽에서 아이를 객관적으로 바라보고 관찰하도록 시도한다. 엄마가 본 자녀와 아빠가 본 자녀의 모습은 비슷하면서도 다를 수 있다. 어른도 흔하게 오류에 빠질 수 있기 때문에 부부가 일정한 시간을 두고 관찰한 자녀의 모습을 두고 서로 이야기를 나눌 수 있어야 한다.

내가 만나 본 가정 중에 이런 경우가 있었다. 엄마가 본 아이는 굉장히 수줍음이 많고 남들 앞에 나서는 것도 싫어하며 새로운 프로젝트를 할 때면 뒤로 숨는 경향이었다. 그러다보니 모둠활동을 할 때도 어쩔 수 없이 발표자는 다른 친구의 차지가 되고 아이는 보고서를 작성한다든지 발표자를 돕는 역할에 머물

렀다. 그 모습에 부모의 속도 상했다.

그런데 아빠가 지켜본 아이의 모습은 좀 달랐다. 부끄러움이 많은 아이인 건 사실이지만 아이의 행동을 살펴보니 모둠 활동에서 아이는 어쩔 수 없이 돕는 역할을 하는 게 아니었다. 친구들과 대화하는 것을 들어보니 자신이 앞장서서 돕는 역할을 자처하고 있었다. 보고서 만드는 일은 누구보다 자신이 있으니 책임지고 맡겠다는 식이었다.

엄마 아빠는 서로 다른 지점에서 토론을 하며 아이에 대해 새롭게 관찰한 내용을 주고받았다. 그러자 속상하게 느껴졌던 부분이 장점으로 바뀌어 있었고 이러한 내용을 바탕으로 아이와 이야기를 이어가자 대화도 잘 통했다.

그 아이는 남을 돕는 일이 가장 행복한 아이었고 그러한 점을 발견하고 인정받게 되자 아이는 스스로 사회복지 쪽으로 공부하고 싶다는 포부를 밝히며 진로를 결정했고 노력한 결과 현재는 사회복지사의 길을 걷고 있다. 나아가 사회복지사로서의 지평을 넓히는 게 좋겠다는 생각에 전문적인 도움을 줄 수 있는 간호학 혼공을 이어가고 있다

이처럼 아이의 혼공을 돕는 첫 번째 스텝은 아이를 잘 관찰하는 것이다. 관찰을 통해 아이를 수용하고 인정할 수 있게 되고 그 사실을 가지고 아이와 이야기할 수 있게 된다.

관찰의 포인트는 다음과 같은 면에 중점을 두는 게 좋다.

- 우리 아이가 잘하는 게 무엇인가?
- 아이가 자신 있어 하는 것과 자신 없어 하는 것은 무엇인가?
- 아이가 가장 행복해하는 때는 언제인가?
- 아이가 스스로 했던 것은 무엇인가?
- 우리 아이의 현재 수준은 어느 정도인가?

관찰은 새로운 발견을 가져다준다. 우리가 잘 알고 있다고 착각했던 것이 무너지기도 한다. 그런 과정을 거쳐야 아이를 제대로 알 수 있다. 아이의 혼공의 시작은 자신을 발견하고 내부로부터 끓어오르는 동기다. 그 동기를 북돋워 주는 것은 자신을 가장 사랑하는 부모의 인정이다.

'너는 정말 그림을 섬세하게 잘 그리는 것 같구나.'
'너는 누구보다도 제일 배려심이 깊은 아이 같다.'
'너는 하고 싶은 이야기를 참 잘 표현하는구나.'

이러한 관찰과 발견으로 아이는 스스로 뭔가 하고 싶어진다. 그 뭔가를 자극할 수 있는 것은 부모의 인정과 수용이다.

그 다음은 아이의 수준을 잘 파악하는 게 필요하다. 많은 부모들이 겪게 되는 실수 중 하나가 아이의 수준을 높게 잡고 있어서 아이들이 따라가기 버겁다는 점이다. 서로의 수준 차이가 나다보면 아이는 부모를 거부하게 되고 대화가 단절된다.

학교에서도 포기했던 낙제아 에디슨이었지만 알을 품고 있던 아이를 관찰한 어머니는 그 아들에게 호기심 많은 소년이라는 인정을 해 줌으로써 발명왕 에디슨으로 이끌었다. 관찰과 인정은 부모가 제일 먼저 가져야 할 태도다.

믿어주고
기다리는
조력자가 되자

혼공은 아이가 주체가 되는 공부다. 혼자 공부한다고 해서 아무런 도움도 없이 혼자 공부하라는 뜻이 아니다. 여기서 혼자 라는 의미는 스스로의 결정권, 자기 결정권을 아이가 갖는다는 것을 의미한다. 당연히 사교육도 스스로 원하는 것이라면 할 수 있다. 조력자도 필요하다. 부모가 무조건 간섭하지 않는 것이 아니다. 오히려 아이의 혼공에 있어 가장 좋은, 또 필요한 조력자 는 부모다.

부모의 긍정적인 인정을 받게 된 아이라도 뚝딱 혼공의 세계로 들어가는 건 어렵다. 10여 년 전 EBS와 자기주도학습 프로그램을 진행하면서 다양한 부모들을 만났다. 그 당시 10회

차에 걸쳐 아이의 공부 습관을 수정하는 프로젝트를 진행했는데 아이마다 격차가 있기에 효과를 나타내는 시기에도 각각 차이가 있었다. 너무도 당연한 결과였지만 부모들은 조급해했다. 10회 차가 끝나면 바로 효과가 나타날 줄 알았던지, 왜 아이의 성적이 오르지 않느냐며 실망하는 부모들도 있었다.

아이들은 모두가 다르다. 무엇인가 자극을 주었을 때 금세 반응을 보이는 아이들도 있지만 그렇지 않은 아이들도 있다. 그저 다를 뿐이다. 부모는 그 다름을 인정하고 기다려주어야 한다. 숙성되는 시간을 거치지 않으면 설익는다. 한마디로 혼공으로 가는 것은 체질을 바꾸는 것과도 같다. 그래서 부모에게 가장 필요한 덕목은 기다림이다.

아이 스스로 공부하겠다는 동기가 유발되면 끊임없이 시행착오를 거쳐 혼공의 세계로 들어가게 된다. 스스로 공부에 흥미를 느꼈지만 사실 어떻게 공부해야 할지 막막할 수 있다. 이전까지 엄마공부 또는 학원공부에 익숙한 아이들이라면 더욱 그렇다. 학원에서 짜 주는 플래너, 엄마가 정해 준 시간표에 맞춰 공부하던 것에서 자신이 계획을 세워야 하니 어려울 수 있다.

이때 부모가 조력자가 되어야 한다. 친절하지만 노련한 코치가 되어야 한다. 친절한 부모가 되는 건 무척 중요하다. 이때의 친절은 말과 행동, 비언어적인 태도를 모두 포함된다. 아이가 뭘 해야 할지, 어떻게 시작해야 할지 모를 때 '무엇을 도와줄까' 친절하게 물을 수 있어야 한다. '엄마가 해 줄까?' 이건 친절이 아니다.

말과 행동, 아이를 향한 믿음을 담은 진심어린 표정까지 더하되 모든 결정과 선택은 아이가 할 수 있도록 자리를 내어 주어야 한다. 또한 노련해야 한다. 노련한 코치는 적재적소에 도움의 손길을 내민다.

혼공에 있어서 실제적인 계획과 전략을 세울 때 때때로 자신의 수준을 넘어서는 계획을 세울 때가 있다. 가령 아이가 오늘의 학습 목표를 '영어 1과 마스터하기' 라고 세웠다고 하자. 누가 봐도 과한 학습량이다. 사실 분량이나 시간은 온전하게 자신을 투입하는 공부를 방해하는 장애물이 될 수도 있다. 무언가에 쫓겨서 분량이나 시간을 늘리는 건 무의미하기에, 이런 과오에 빠지지 않도록 적절히 개입해 주는 것이 부모가 해야 할 역할이다.

"와… 영어 1과를 하루에 마스터하겠다니 대단하다. 그런데 꽤 시간이 많이 걸릴 텐데 시도해 본 적 있니?"

"해 봤던 건 아니고… 그렇게 해야 할 것 같아서요."

"그럼 좀 더 구체적으로 세워 보면 좋을 것 같아. 하루에 한 과를 마스터하려면 단어는 얼마나 외워야 하고 독해하는 데 걸리는 시간 등을 세부적으로 짜면 좋을 것 같은데."

"그러게요. 생각해 보니까 시간이 오래 걸릴 것 같아요. 저는 단어 외우는 시간도 많이 걸리는데… 다시 생각해봐야겠어요"

이런 식으로 가이드라인을 준다면 아이 스스로 학습 계획을 세울 때 자신의 눈높이에 맞게 세울 수 있을 것이다. 아이들 마다, 아이들의 수준에 따라 다르겠지만 초등의 경우 부모와 아이가 5:5 정도로 개입하는 것이 좋고 중등이 되면 서서히 4:6으로 줄고 고등이 되면 2:8로 비중을 줄이는 게 좋다.

혼공의 가장 좋은 효과는 스스로에게 맞는 학습법을 찾을 수 있다는 점이다. 외우는 것을 죽기보다 싫어하는 아이라도 문장을 이해하려면 단어를 아는 게 중요하다는 것을 깨닫고 어떻게든 외우는 방법을 선택한다. 이때 쉽게 외우는 방법에 대한 정보를 주는 것도 노련한 조력자가 할 수 있는 일이다.

부모를 위한 혼공 코치

- 학습 계획이 세분화될 수 있도록 조언한다.

  (예. 단어 몇 개 외우기, 수학 몇 문제 풀기 등)

- 시간 계획이 세분화되도록 조언한다.

  (예. 하루 단위의 계획을 오전 오후 계획으로 바꾸기 등)

- 아이의 계획과 실천이 이루어질 때까지 기다려준다.

혼공하는 아이를 위해 부모가 해야 할 것은 내 아이를 믿고 기다려 주는 것이다. 각자 걸리는 시간은 다를 지언정 분명히 어느 순간이 되면 효과가 나타난다. 이러한 믿음을 가지고 아이를 기다려 주면 된다.

아이 스스로 찾은 동기와 학습법을 터득할 시간을 주어야 한다. 스스로 세운 목표와 전략을 믿고 기다리되, 긍정적으로 독려해 주어야 한다. 도움을 요청할 때 전략이 더욱 구체적으로 될 수 있도록 조언해 주는 조력자가 되면 된다.

칭찬은
혼공하게
만든다

'이게 맞나?'

'이렇게 하다가 뒤처지면 어쩌지?'

혼공을 하다 보면 이런 생각이 든다. 혼공을 포기하게 되는 이유 중 하나가 불안해서다. 남들은 뭔가 체계적인 시스템에 의해 공부하고 있는 것처럼 보이는데 자신은 혼자만의 세계에 있으니 불안할 수도 있다.

물론 이것도 혼공의 패턴이 안착되기 전까지 느끼는 불안이다. 혼공을 통한 성취를 경험하면 아이의 자아가 긍정적으로 형성되고 그를 통해 자기만의 패턴을 만들어가기에 더 이상 흔들리지 않는다. 다만 그 전까지는 자기만의 시행착오를 겪어야 한다.

이 불안함을 덜어 주는 가장 좋은 방법은 부모의 칭찬이다. 자신과 가장 깊게 연결된 부모로부터 받는 칭찬은 학습자의 학습 동기를 유발시키고 행동을 지속하게 만드는 강력한 힘이다.

예전보다는 덜하지만 아직도 자녀의 학업이 인생에서 성공하는 유일한 길이라 여기며 공부에 있어서 엄한 기준을 적용하려는 경우가 있다. 두 가지 이유가 있을 것이다. 하나는 칭찬 하나에 아이가 해이해진다고 생각하는 경우이고 또하나는 아이의 학업에 대한 열정과 상관없이 높은 기준을 가지고 있기 때문이다. 한마디로 성에 안 차는 것이다.

부모들을 만나보면 의외로 공부에 대해 자신감을 가지고 있는 경우가 있다. 공부라면 자신도 해 볼 만큼 해봤다는 자신감을 가진 나머지 자녀의 노력을 가벼이 보고 평가 먼저 내린다.

두 가지 경우 모두 적절하지 않다. 자녀에게 해 주는 칭찬은 해도 해도 부족하지 않다. 아이들은 칭찬을 먹고 자란다. 칭찬받는 환경에서 자란 아이와 그렇지 않은 아이들을 비교해 볼 때 칭찬받고 성장한 아이들은 긍정적 자아 형성이 쉽게 이루어진다. 자신에 대해 긍정적인 아이들은 실패에도 금세 털고 일어날 수 있는 회복탄력성이 높고 다시 도전할 수 있는 역량을 가지고 있다. 자신이 가장 좋아하는, 가장 믿는 부모로부터 받는 칭찬이기에 가장 영향력이 큰 것이다.

반면 칭찬에 인색한 가정에서 자란 아이들은 뭘 해도 충분한 인정을 받지 못했기에 늘 불안하고 두렵다. 만족할 만한 인정을 받지 못했기에 자기 자신에 대한 신뢰가 없을뿐더러 실패가 두렵다. 그러니 당연히 새로운 것을 도전하는 일에도 멈칫하게 된다.

혼공하는 자녀를 향해 부모가 해야 할 첫번째는 칭찬이다. 혼공은 끊임없이 자신이 자신을 향해 피드백을 하는 과정에 있기에 외부로부터 주어지는 피드백이 긍정적인 강화를 일으킨다. 긍정적인 외부 피드백인 칭찬은 내적인 보상으로 선순환된다.

그렇다면 어떻게 칭찬해야 할까. 칭찬은 구체적이고 섬세할수록 좋다. 결과보다 과정에 대한 칭찬이 이루어져야 한다.

아이 스스로 학습 계획을 세워 혼공을 시작했다고 하자. 하루 1시간은 무조건 관심분야의 독서를 하고, 하루에 영어 단어 스무 개 외우기, 그날 학교에서 배운 과목별 문제를 스무 문제를 풀어 보고 그에 대한 오답노트를 만든다는 계획을 세워 두었다. 이를 통해 한 학기 안에 과목별 등급을 한 단계 높인다는 목표를 정했다. 한 학기가 지나고 스스로 평가하고 점검할 시간이 다가왔다. 본인은 꽤 잘 지켰다고 생각했지만 결과는 무참했다. 실망한 아이 앞에서 부모가 취해야 할 태도는 무엇일까? 한번 더 있는 그대로 바라봐 주는 것이다.

그런 다음, 그동안 아이를 지켜보면서 대견하게 생각했던 순간, 매일 학습 계획을 세우던 진지한 모습, 그것을 지키려고 스스로 노력했던 과정을 떠올리며 오히려 칭찬해 주어야 한다. 그러면 아이는 스스로 돌아보고 앞으로 나아가야 할 방향을 찾으려 한다.

혼공에 있어 칭찬은 가속력을 붙이는 페달이다. '거 봐, 넌 해낼 거라고 생각했어.' '넌 역시 해내는구나' 등의 축하와 함께 노력의 과정에 대한 구체적인 칭찬을 들으며 아이는 공부 자신감을 키워 간다. 스스로가 만족해서 저절로 춤이 춰지고 칭찬을 받아 으쓱해진다. 더 잘해 보고 싶은 동기도 충만해진다.

혼공하는 자녀에게 부모는 칭찬력을 장착할 필요가 있다. 스스로 공부하겠다고 마음을 먹은 자체로도 충분히 대단하다. 그 칭찬을 통해 아이들은 다시 일어선다.

작은 성공의 경험을 제공하라

혼공이 발휘되면 학습자가 가지고 있는 능력의 2~3배를 발휘하게 만든다. 여기엔 심리적인 요인이 작동하는데, 혼공을 통해 자아 개념이 확장되면 자아가 원하는 방향대로 노력하게 된다. 외부적인 요인과 경쟁하는 것이 아닌 자기 자신의 만족을 위해 달려가기에 다른 것에 쓸데없이 힘을 낭비하지 않아도 되고 온전히 좋아하는 일에 능력을 쏟게 된다. 그러다 보면 2~3배의 능력을 발휘하게 된다.

유학시절 단 1년 8개월 만에 학위를 따는 과정에서 그것을 경험해 본 나로서는 이러한 혼공이 가진 강력한 능력을 믿는다. 이 힘의 원동력은 성취감이다.

241

성취감은 성공 체험에서 느껴지는 쾌감으로 뇌에 뚜렷하게 각인된다. 이러한 기억은 다음 행동을 이끈다. 특히 공부에 있어서 느낀 성취감은 도전의식을 만들어낸다. 그것이 능력의 발휘로 이어지는 것이다. 고다마 마쓰오는 『아주 작은 목표의 힘』에서 작은 성공을 강조했다. 하기 싫고 어려운 일일수록 도전해서 성취하는 순간 뇌가 느끼는 성취감이 커지면서 그것이 다음의 도전에 도화선이 되어 성장하게 된다는 것이다.

혼공은 순간순간의 성취감을 제공하는 매우 유용한 과정이다. 안 풀리는 문제 하나를 두고 몇 날을 고민하고 시도하여 풀었을 때 느끼는 희열감은 그 어떤 기쁨에 비할 수 없다. 이 작은 성공의 경험이 아이를 더 큰 성취로 이끈다.

작은 성공은 말 그대로 작은 것을 실천해 내는 것을 의미한다. 매일매일 하겠다고 결심한 일상의 루틴을 지켜내는 것도 작은 성공이다. 큰 목표를 잡았다면 그것을 이루기 위해 점진적인 노력을 하는 와중에서도 얼마든지 작은 성공은 존재한다.

아이들은 작은 성공의 경험을 놓치는 경우가 많다. 중요하게 생각하지 않을 수도 있다. 그때 부모는 아이가 놓친 작은 성공을 찾아 성취감을 만끽하도록 이끌어야 한다.

수능을 망치고 돌아와 잔뜩 낙심한 딸이 있었다. 그 모습을 지켜보던 부모의 가슴은 아렸다. 한번뿐인 대학의 기회를 날려 버렸다는 생각에 딸은 울고 또 울었다. 그러더니 아무것도 하지 않겠다고 선언했다. 당장 진학에 빨간불이 들어온 것도 걱정이 었지만 무기력해진 자녀를 보는 부모 심정은 더 힘들었다.

거의 한 달을 그렇게 방안에서 두문불출하던 아이를 두고 볼 수 없었던 부모는 아주 작은 것 하나씩을 해 보자고 제안했다. '침대 밖으로 나와서 1시간 있어 보기', '바깥에 나가서 화분에 물 주기', '강아지와 함께 산책해 보기' 등의 사소한 미션을 하나 씩 주며 일상의 소소한 성취를 경험하도록 했다. 오랜 설득 끝 에 침대 밖으로 나와 1시간을 버텨 본 아이는 표정이 달라졌다. 아무 것도 아닌 작은 일이지만 성공을 경험한 아이가 베란다로 나와 화분에 물도 주었다. 이렇게 작은 성공의 경험을 쌓아가던 아이는 어느날부터인가 8시에 일어나더니 책상 앞에 앉았다. 혼자서 다시 공부를 시작해 보겠다는 의지를 보였다.

혼공을 시작한 뒤 아이는 부모를 통해 경험했던 작은 미션을 스스로에게 주기 시작했다. 미션이 여의치 않을 때는 부모에게 요청하기도 했다. 결과적으로 그 아이는 한 해 더 혼공을 실천 하여 본인이 원하는 과에 합격했다.

지침 5

아이의 눈치를
살펴라

자녀의 혼공을 위해 부모의 역할을 물어 오는 경우에 늘 첫째로 해 주는 말이 있다. 아이의 눈치를 살피라는 말이다. 부모와 자식 사이에 눈치를 보는 존재는 자녀인 경우가 많았다. 아이들은 부모 눈치, 선생님 눈치를 보느라 정작 하고 싶은 일을 놓칠 때가 많았다.

이제는 반대로 아이 눈치를 봐 줘야 한다. 우리말에 눈치를 본다는 표현이 을의 위치에서 갑을 바라보는 의미로 사용되곤 하는데, 사전적인 의미를 찾아보면 '남의 마음이나 생각, 태도 등을 살피다'이다.

혼공하는 자녀를 위해 부모가 가져야 할 태도가 이것이다.

244

눈치볼 것. 아이의 마음이나 생각, 태도 등을 살뜰히 살피려는 노력이 필요하다.

부모와 자녀의 상호작용이 왜 중요한지는 학문적으로도 증명된 바 있다. 우리나라 수능 시험의 근간이 되는 교육목표 분류학의 창시자이며 세계적인 석학인 미국 시카고 대학의 블룸 교수가 1950년대부터 최근까지 연구하고 지도한 논문에 의하면, 인간의 행동특성 형성에 가정환경이 미치는 영향력이 지대하다. 종합적 연구결과를 살펴보면 인간행동은 환경에 의해 50% 이상 영향을 받는데, 이중 가정환경의 투입이 개인 행동의 50% 이상을 차지한다는 설명이다.

다르게 표현하면 부모의 노력에 의해 자녀에게 중요한 변인을 투입하면 자녀의 행동 특성의 50% 이상이 변화될 수 있다는 뜻이다. 이때 무엇보다 중요한 것이 부모와 자녀 간에 상호작용이 긍정적으로 이루어져야 한다는 사실이다.

가정환경을 공유하는 자녀와 부모 간의 상호작용은 자녀의 행동 변화에 중요한 성장을 이끄는 원천적인 자극요인이다. 이때 상호작용의 핵심은 심리적인 공감이다. 일방적인 요구나 거부가 아니라 자녀를 인정하고 지지하면서 신뢰관계를 만들 때, 아이는 안정감을 느끼며 공부에 더 몰입할 수 있다.

혼공은 스스로 생겨나는 동기를 통해 전략을 세워 행동하는 행위다. 행동의 변화를 일으키는 과정이기에 이를 위한 부모의 상호작용이 너무나 중요하다. 많은 이들이 혼공하기에 적합한 조건이 있는지 묻곤한다. 어떤 아이들이 혼공에 성공하느냐는 질문일 것이다. 물론 자기 자신에 대한 믿음이 있고 자신에게 긍정적인 개념을 가지고 있는 경우가 유리하긴 하다. 하지만 후천적인 노력에 의해 혼공의 힘을 발휘하는 경우가 더 지속력이 있다.

부모가 아이의 눈치를 살피라는 것은 아이의 입장이 되어 생각해 보라는 의미다. 부모의 그런 태도에 아이는 닫힌 마음을 조금씩 열고 자기의 생각을 인정하고 펼쳐나가게 된다. 이 변화는 공부로도 이어져 자신이 꿈꾸는 분야를 찾아 나아갈 수 있도록 돕는다.

아이의 눈치를 보는 혼공 코치

- 아이의 질문에 무조건 응답하라
- 아이의 도움 요청에 반드시 반응하라
- 반드시 심리적인 공감을 해줘라

혼공 학습의 첫걸음은 학습 훈련이다. 이는 단순히 성적을 높이는 훈련이기보다는 학습자 스스로가 왜 자신에게 이 공부가 필요한지를 깨닫고, 나아가 미래에 대한 전략을 세워 자신만의 성공적인 삶을 만들어 나가도록 돕는 학습 방법이다.

송인섭 혼공 연구팀은 10년간 8,000명 학생, 부모를 대상으로 연구한 결과, 이 프로그램을 완성했다.

혼공 학습 프로그램은 총 4단계로 나뉜다. 기본적으로 학습능력을 길러주는 1단계 '학습동기 · 학습인지 · 학습행동 기본 프로그램(핵심편/보충편)', 1단계에서 자기주도학습 훈련을 받은 학습자가 이를 유지하도록 돕는 2단계 '심화 프로그램', 혼공 학습의 근본 원료라 할 수 있는 자아존중감을 높이는 3단계 '자아존중감 프로그램', IQ, EQ, SQ를 높이는 4단계 '특화 프로그램' 이 그것이다.

여기서는 1단계를 수록한다.

혼공
프로그램

1단계
핵심편

학습동기
·
학습인지
·
학습행동

혼공
프로그램

학습동기 프로그램

동기란 인간의 행동을 일으키는 근본적인 힘이다. 단순히 행동을 일으키는 것뿐만 아니라 어떤 행동을 지속적으로 할 수 있도록 이끌며, 때로는 많은 노력이 필요하더라도 끝까지 포기하지 않게 만드는 힘이 된다. 여기에는 〈나는 할 수 있어〉라는 제목의 자신감 향상 프로그램, 그리고 왜 공부를 하는지, 공부가 왜 중요한지 스스로 인식할 수 있도록 내재적 가치를 이끌어주는 〈내가 공부하는 이유〉, 마지막으로 자기가 학습에 어떻게 접근하고 참여하는지를 결정할 수 있도록 도움을 주는 〈내가 되고 싶은 사람〉으로 구성되어 있다.

▶ **나는 할 수 있어**

〈나는 할 수 있어〉 프로그램은 자신의 능력에 대해 긍정적인 기대를 갖도록 도움을 준다. 이러한 자기효능감은 학업성취에 직접적으로 영향을 줄 뿐만 아니라 목표의식을 강화시켜 간접적으로도 영향을 끼친다. 실제로 자신이 무엇이든 잘 할 수 있다고 믿는 학생들은 더 오랫동안 끈기를 보이는 것으로 나타났다. 따라서 〈나는 할 수 있어〉 자신감 향상 프로그램을 통해 자신의 능력에 대한 긍정적 마인드를 갖도록 하자.

나는 할 수있어!

1. 내가 이제까지 했던 일 중에서 성공했다고 느꼈던 일 5가지를 적어보세요.

①
②
③
④
⑤

2. 내가 실패했다고 느꼈던 일 5가지를 적어보세요.

①
②
③
④
⑤

3. 학교생활에서 남들처럼 해낼 자신이 없다고 생각하는 것 5가지를 적어보세요.

①
②
③
④
⑤

4. 3번 문항에서 자신이 없다고 생각한 것을 '나는 ~를 할 수 있다', '나는 ~를 할 자신이 있다'로 바꾸어 써보세요.

①

②

③

④

⑤

이와 같이 자신이 성공한 일과 실패한 일을 점검해보면 어떤 부분에 자신이 있고 어떤 부분에 있어서 자꾸만 실패를 하는지 다시 한 번 생각해볼 수 있게 된다. 따라서 실패하거나 자신이 없어 하는 부분을 할 수 있다는 신념으로 바꿔 도전해보면, 스스로 문제를 해결할 수 있는 능력을 갖게 된다.

▶ 내가 공부하는 이유

두 번째 학습동기 프로그램인 〈내가 공부하는 이유〉는 왜 공부를 하는지, 공부가 왜 중요한지 스스로 인식하는 데 도움이 된다. 어떤 과제를 수행함과 동시에 얻을 수 있는 즐거움, 즉 내재적 가치를 이끌어내는 것이다.

어떤 활동을 시작하고 지속하게 만드는 인간의 동기는 크게 내재적 동기와 외재적 동기로 구분된다. 내재적 동기는 그 작업이나 활동 자체에 대한 도전과 즐거움에 초점이 맞춰지는 반면, 외재적 동기는 활동 자체와는 별개로 어떤 결과를 얻고자 하는 열망에서 일어난다. 좋은 성적을 얻거나 기대한 보상을 획득하거나 경쟁에서 이기거나 칭찬을 받는 등 그 일 자체보다는 어떤 목표를 달성하기 위해 활동을 시작하는 동기로 정의할 수 있다. 그러므로 '공부를 함으로써 미래에 자신이 원하는 직업을 가질 수 있다'라고 인식할 경우 그렇지 않을 때보다 공부를 하는 양과 노력에 분명히 차이가 나타나게 된다.

내가 공부하는 이유는?

1. 나는 왜 학교에 다니고 있는지 이유를 솔직하게 적어봅시다.

①
②
③
④
⑤

2. 20년 후의 자신의 모습을 상상해보세요. 어떤 모습일까요?

①
②
③
④
⑤

3. 20년 후의 모습처럼 되려면 어떤 과정을 거쳐야 하나요?

①
②
③
④
⑤

4. 왜 내가 공부해야 하는지 그 이유를 적어봅시다.

①
②
③
④
⑤

내재적 동기와 외재적 동기 모두 사람들로 하여금 일을 시작하게 만드는 동기유발을 하는 기능이 있다. 그러나 이 두 동기는 모두 일에 대한 주관적 감정, 일에의 몰두, 그리고 일을 마치는 데 서로 다른 영향을 미칠 수 있다.

이 프로그램은 학습방법이나 목표 등을 자기 스스로 결정을 할수 있다고 느끼게 하고, 나아가 계획한 일을 잘 할 수 있다는 희망을 주며, 이 희망에 흥미를 더하게 해줌으로써 혼공 학습에 긍정적인 영향을 미치도록 매개체 역할을 하게 된다.

▶ 내가 되고 싶은 사람

세 번째 학습동기 프로그램은 목표지향성 향상 프로그램인 〈내가 되고 싶은 사람〉이다. 이 프로그램은 학습활동에 대해 설정한 목표가 실제 학습에는 어떤 영향을 미치는지 이해하고 목표 설정의 중요성을 깨달아 보다 명확하고 구체적인 목표를 설정하게 해준다.

대부분의 학생들이 초등학교 때는 자신의 꿈을 자신 있게 말하곤 한다. 하지만 학년이 올라갈수록 당장에 치러야 할 시험들과 수많은 과제들 때문에 자신의 미래에 대한 생각은 뒷전으로 밀리고 만다.

미래에 대한 생각은 물론 시간이 지남에 따라 변할 수도 있다. 그리고 청소년기에는 무한한 가능성을 갖고 있기 때문에 명

내가 되고 싶은 사람은?

1. 자신이 장래에 되고 싶은 사람의 모습을 신문이나 잡지에서 찾아 오려붙여 봅시다.

나의 장래 희망은   이다.

▶ 1번 문항의 빈칸에는 구체적인 직업을 써보는 것이 중요하다. 막연하게 사업가 또는 회사원과 같은 답은 자신의 미래의 밑그림으로 삼고 실천하기 어렵기 때문이다.

2. 이와 같은 사람이 되려고 하는 까닭은 무엇입니까?

3. 이 꿈을 이루기 위해서 학교나 가정에서 꼭 노력해야 할 일들은 무엇이라고 생각하나요?

학교:

가정:

▶ 3번 문항 역시 자기 스스로 꿈을 이루기 위해 노력해야 할 사항들이 무엇인지 명확하게 기록하는 것이 좋다. 자신의 꿈을 이루기 위한 방법을 모른다면 선생님 혹은 부모님, 선배나 인터넷 자료를 통해 적극적으로 조사해보도록 하자.

확한 목표를 세우는 것이 어려운 것도 사실이다. 하지만 꾸준히 자신의 적성과 흥미를 찾아보고 자신에게 적합한 분야와 직업을 탐색하는 작업은 매우 중요한 일이다. 이러한 과정을 통해 올바른 목표에 다가갈 수 있으며 구체적인 목표를 갖고 있을수록 실천 가능성도 높아지기 때문이다. 또한 자기 삶의 목표를 통해 학생들은 현재 자신에게 주어진 과제가 무엇인지 분명히 인식 할 수 있기 때문에 이와 같은 목표들은 좀 더 나은 미래를 향해 힘차게 나가갈 수 있도록 하는 원동력이 된다.

이 프로그램을 통해 보다 구체적이고 현실적인 목표를 수립하고, 자신의 목표를 이루기 위해 어떤 준비들을 해야 할지에 대해 점검해보자. 학습목표를 분명히 가지고 있다면, 과제수행 과정에서 어려움에 직면한다고 해도 그것을 지속할 수 있다. 자신의 목표에 대해 흥미를 가지고 있는 사람은 일종의 몰입상태에 빠져들게 되는데, 이 몰입상태를 경험해본 사람들은 시간과 공간에 대한 의식을 잊은 채 끊임없이 공부에 빠져들게 된다.

진로 정보를 알아볼 수 있는 웹사이트

한국직업정보시스템 (한국고용정보원)	http://know.work.go.kr/know 직업정보와 직업선택을 자신의 흥미나 지식, 또는 업무 수행능력에 맞춰 찾아볼 수 있다. 직업과 관련된 대학 학과에 대한 정보도 제시되어 있으며 진로상담 및 취업을 지원한다.
워크넷 (노동부 고용정보 시스템)	http://www.work.go.kr 노동부에서 제공하고 있으며 직업정보 메뉴를 통해서 직업심리검사나 직업 찾기, 직업과 관련된 자료를 세공하고 있다. 직업상담도 이루어지고 있다.
커리어넷 (한국직업능력 개발원)	http://www.careernet.re.kr 초등학생부터 성인에 이르기까지 대상별로 진로와 관련된 검사와 정보를 제공하고 있다. 온라인 직업적성, 직업흥미, 진로성숙도 검사를 해볼 수 있다.
한국가이던스	http://www.guidance.co.kr 각종 심리검사를 받아볼 수 있는 곳으로, 심리상담 서비스도 제공 하고 있다.
에듀피아	http://www.edupia.com 진로탐색, 대학 전공 선택 검사 등검사 서비스를 받을 수 있고 직업 정보와 직업 동향, 자신에게 맞는 직업에 대한 정보를 얻을 수 있다.

학습인지 프로그램

다음은 인지조절을 향상시켜주는 데 도움이 되는 프로그램이다. 인지조절 요인이란 자료를 기억하고 이해하는 데 필요한 실제적인 전략을 어떻게 사용하느냐를 말하는 것이다. 즉, 정보를 처리하고 통제·조절하는 부분에 해당되는데, 흔히 공부를 열심히 하는데도 성적이 오르지 않는 학생들을 볼 때 인지조절 능력이 부족하다고 말할 수 있다. 이 프로그램에서는 보다 효율적인 인지조절 방법을 통해 학습에 투입한 시간만큼의 효과를 거둘 수 있도록 〈수학 오답 노트〉, 〈영어 단어·숙어 노트〉, 〈학습장 쓰기〉 등을 실시하게 된다.

▶ **수학 오답 노트**

수학을 좋아하는 학생도 많지만 싫어하는 학생들이 더 많다. 문제는 수학을 좋아하건 싫어하건 많은 학생들이 유난히 어려워하는 문제가 있다는 것이다. 학습에 있어서 반복은 매우 중요한 습관이다. 특히 수학의 경우, 반복과 복습이 매우 중요한 과목이다. 수학은 다른 과목과 달리 기초가 없으면 다음 진도를 나가기가 힘들기 때문이다. 따라서 자신이 완벽하게 해결하지 못했던 부분이나 또는 사꾸 틀리는 문제에 대해서는 꼼꼼한 점검이 필수적이다. 오답 노트를 만들어 스스로 오답을 정리하여

수학 오답 노트

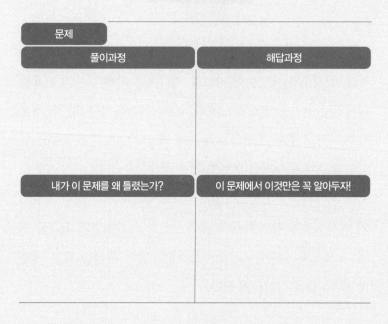

문제에 대한 이해도를 높이면 효과를 거둘 수 있다.

 하지만 대부분의 학생들이 마음이 급해지거나 귀찮다는 생각에 풀이 과정을 정리하기보다는 대충 암산을 하면서 문제를 푼다. 처음에는 그렇게 하는 것이 문제를 빨리 해결하는 방법이라고 생각되겠지만 문제 해결에 어려움을 겪을 때는 자신이 어디에서 오류를 범했는지 찾기 어려워진다. 그렇게 되면 처음부터 문제를 다시 풀어야 하는데, 이런 과정이 반복되면 오히려 시간이 낭비되고 문제 해결이 어려워진다. 처음부터 깔끔하게 정리하는 습관을 들이면 결국 복습하는 데나 문제 풀이 속도,

해결력을 훨씬 높이는 데도 도움이 된다.

▶ **영어 단어 · 숙어 노트**

서점에 가보면 수많은 영어 단어·숙어집들이 나와 있다. 많은 학생들이 이런 책을 사서 공부해야 할지 아니면 자기만의 단어장을 따로 만들어야 할지 고민을 한다. 물론 이 두 가지 모두 필요하다. 기본이 되는 기초 어휘들을 하나하나 독해지문을 통해 접할 수는 없는 법이기 때문에 시중에 나온 단어장을 이용해 어느 정도 외워두면 독해를 하는 데 능률이 오르게 된다.

어느 정도 수준에 오르게 되면 자기만의 단어장을 만드는 것이 매우 효과적이다. 자신이 풀었던 독해 지문에서 모르는 단어를 단어장에 기록하고 이를 직접 정리를 해두면 나중에 단어를 기억할때 독해 지문의 내용도 더불어 머릿속에 떠올라 암기하는 데 도움이 된다.

사전에서 함께 찾아두었던 파생어나 동의어, 반의어 등을 같이 외울 수 있기 때문이다. 또 단어를 잘 정리해두면 나중에 자신이 자주 잊어버리는 단어들이 무엇인지 검토할 수 있다. 그 단어들만 따로 모아 반복하여 외우면 영어 학습의 효과를 배가시킬 수 있다.

영어 단어·숙어 노트

영어 단어·숙어 노트	의미	연습1	연습2	연습3	연습4	연습5	단어 점검	단어 점검

▶ 학습장 쓰기

수업과정에 따라 노트를 필기하는 방법은 수업 전, 수업 중, 수업 후로 나누어 살펴볼 수 있다. 먼저 수업 전에는 앞서 배운 시간의 노트 내용을 훑어보고 필요한 필기구를 준비해둔다. 수업 중에는 주제와 핵심어를 적어두고, 중요한 세부내용을 기록한다. 그리고 선생님이 강조하고 있는 내용과 단서에 주목하고 표시를 해둔다. 마지막으로 수업 후에는 수업 중에 기록하지 못한 것을 확인해서 기록하고 하루를 마무리하기 전에 필기 내용을 복습해둔다.

학습장을 정리하는 일은 학습내용을 조직화하는 데 가장 효율적인 방법이다. 수업내용이나 학습할 내용을 중심으로 적는데, 문장은 간단하고 내용은 정확해야 한다. 노트 하단 부분에 요약란을 두어 수업시간에 또는 학습한 뒤에 그 내용을 1~2문장으로 요약하여 적어 넣는다. 노트의 오른쪽 여백에는 수업시간에 강조했던 용어나 중요한 단서 등을 기록해두면 좋다.

학습장 쓰기

오늘 공부한 내용을 정리해봅시다.

과목명 :

단원명 :

주요개념	내용정리

요약

학습행동 프로그램

학습행동 프로그램은 자신의 학습을 성공적으로 이끌기 위해 가장 적합한 학습 환경을 스스로 선택하고 구조화하는 데 도움을 주기 위한 것이다. 이 프로그램은 크게 시간과 공부조절, 노력조절, 행동조절 부분으로 나누어지는데, 구체적으로 〈우선순위 정하기〉, 〈시간계획 세우기〉, 〈나의 공부환경 점검하기〉 등으로 구성된다. 많은 학생들이 공부할 시간이 부족하다고 입을 모아 이야기하는데, 효과적으로 공부를 하기 위해선 같은 시간에 얼마나 해야 할 일을 잘 처리하는지가 중요하다.

▶ **우선순위 정하기**

우선순위 정하기는 비중이 크고 중요한 일을 하기에 앞서 일상적이고 하찮은 일에 빠지기 쉬운 우리의 모습을 깨닫는 데 도움이 된다. 기말고사 같은 중요한 시험을 앞둔 학생들이 공부에 집중하는 책상 정리를 하거나 아이돌 뮤비에 더 집착하는 아이들이 많다.

이런 행동은 더 중요한 일을 회피하고 싶은 마음으로 인해, 자기 스스로 합리화시키려는 경향에서 나오는 것이다. 하지만 자신에게 직면한 공부와 해야 할 일들을 제쳐두고 이런 행동을 하는 것은 시간낭비일 뿐이다. 따라서 자신이 해야 할 일을 인

우선순위 정하기

1. 연습하기

어느 날 삼순이는 학교에서 돌아와 메신저로 친구와 협동학습 숙제를 하고 있었습니다. 그때 엄마가 집 앞 슈퍼마켓에서 가서 저녁반찬에 쓸 두부를 사오라고 하셨습니다. 그런데 심부름을 가는 길에 빗방울이 한 방울씩 떨어지기 시작했습니다. 삼순이가 급히 뛰어가고 있는데 무거운 보따리를 머리에 인 할머니가 힘들어하며 삼순이를 불러 세웠습니다. "얘야, 이 짐이 너무 무거워서 그러는데 큰길가 버스정류장까지만 같이 들어줄 수 있겠니?" 삼순이는 매우 난감했습니다. 갑자기 뛰어나온 탓에 맨발에 슬리퍼를 끌고 왔는데 빗방울은 점점 굵어지고, 친구는 숙제하기 위해 메신저 창을 연 채 기다리고 있으며, 내일 아침 1교시에 영어 단어시험도 있습니다. 뿐만 아니라 미술 과제물도 제출해야 하고, 당장 엄마 심부름으로 두부도 사와야 하는데 할머니마저 짐을 들어달라고 하니 도대체 무엇부터 해야 할까요?

여러분이 이와 같은 상황에 직면해 있다면 어떤 활동을 우선적으로 하겠습니까? 그 활동을 순서대로 적고, 순서를 그렇게 정한 이유를 생각나는 대로 써보십시오.

2. 활동순서

3. 이유

4. 실제로 해보기

자신이 평상시에 주로 하는 여러 활동들을 다음 네 가지 영역에 구분하여 보십시오.

	현재 행동
중요하고 급한 일은?	
중요하지만 급하지 않은 일은?	
급하지만 중요하지 않은 일은?	
급하지도 중요하지도 않은 일은?	

266

식하고 목표 설정과 관련하여 이것을 얼마나 달성할 수 있는지를 파악해야 한다. 또한 자신이 실천할 수 없는 계획이 있다면, 이것이 왜 실행에 옮겨지지 않는지 이유를 분석하여 조직화할 필요가 있다. 이렇게 스스로 자신이 무엇을 해야 할지 결정함으로써 시간과 공부량을 조절할 수 있게 된다.

전통적으로 학습시간에 관한연구자들은 개별 학습자가 학습을 완전히 숙달하는 데 필요한 시간의 양을 학업적성으로 보았다. 그런데 최근에 들어 학습시간과 관련된 연구들은 학습시간을 계획하고 관리하는 학습자들의 인지 과정에 초점을 맞추면서 효율적인 학습시간 관리를 중요한 학습전략으로 간주하고 있다. 효과적으로 공부를 하는 사람은 시간이 제한적이라는 사실을 인식하기 때문에 과제를 완성하는 데 필요한 시간이 얼마나 되고, 그에 필요한 전략은 무엇인지를 늘 고려한다. 또 시간관리는 자기효능감 및 목표설정과도 관련이 있다는 연구결과들이 보고되고 있다. 따라서 우선순위를 정해놓고 시간을 효율적으로 사용한다면 자신이 목표한 수준의 학업성취를 얻는 데 많은 도움을 받게 될 것이다.

▶ **시간계획 세우기**

두 번째 학습행동 프로그램은 앞서 세운 목표설정에 대한 중·장기적 안목을 세우는 것으로, 구체적 활동으로는 〈일일계획 세우기〉, 〈주간계획 세우기〉, 〈나의 인생목표 세우기〉가 있다. 그리하여 시간 관리의 중요성을 체감하고 자신의 상황을 고려하여 현실감 있는 계획을 세워나갈 수 있도록 도와준다.

이 프로그램은 단순히 현재 시간을 낭비하지 않고 분주히 쓴다는 좁은 의미의 계획이 아니라 앞으로의 인생을 설계한다는 일종의 생활관리로 그 의미를 확장해야 한다. 이를 통해 진정한 의미에서의 시간 관리를 실천할 수 있게 해준다.

〈내가 되고 싶은 사람〉에서 미래에 되고 싶은 모습의 밑그림을 그렸다면, 〈나의 인생목표 세우기〉에서는 그 목표를 위해 보다 구체적인 목표들을 시간대별로 세워본다. 크게는 10~20년 후, 작게는 오늘, 자신이 미래에 되고 싶은 모습을 위해 어떤 일을 해야 하는지를 생각하고 적어보는 것이다.

예를 들어, "1000만 관객이 본 흥행영화를 만드는 영화감독"이 꿈이라고 하자. 영화감독이 되어 자신의 능력을 인정받고 열정적으로 일하기 위해서는 여러 가지 능력과 자세가 필요하다. 이들을 갖추기 위해서 시기별로 준비해야 할 절차들이 있는데, 도표에 그런 절차와 과정을 써보는 것이다. 특히 자신의 꿈을 구체화하기 위해 "○○대학의 연극영화과"와 같이 상세한

일일계획 세우기

시간표	세부사항	실행방법		이유
		어디서	어떻게	
5:00 5:30 6:00				
6:30 7:00 7:30				
8:00 8:30 9:00				
9:30 10:00 10:30				
11:00 11:30 12:00				
12:30 1:00 1:30				
2:00 2:30 3:00				
3:30 4:00 4:30				
5:00 5:30 6:00				
6:30 7:00 7:30				
8:00 8:30 9:00				
9:30 10:00 10:30				
11:00 11:30 12:00 12:30				

일일계획 세우기

일일계획 평가	
잘한 점	
반성할 점	
앞으로의 계획에 반영시키거나 변동사항	

주간계획 세우기

오전/오후	시간	월	화	수	목	금	토	일

나의 인생목표 세우기

아래의 시기 동안에 여러분의 학습이 달성하고 싶은 것이 무엇인지를 생각해보고 이루고자 하는 바를 기록하십시오.

기간	목표	내가 해야 할 일
장기 (10년~20년 후)		
중기 (3~5년 후)		
단기 (3개월~1년 후)		
1개월		
이번주		
오늘		

목표를 세우는 것이 좋다. 이것은 자신이 이루고 싶은 목표를 향해 구체적인 경로를 세우고 미래의 삶에 대한 중심을 잡는 계기가 된다. 단순히 '영화감독이 되어야지'보다는 '어느 대학의 연극영화과'라는 목표를 설정함으로써 학습동기를 더 끌어낼 수 있기 때문이다.

▶ 나의 공부환경 점검하기

세 번째 학습행동 프로그램은 자신을 둘러싼 환경에 대해서 점검을 해보는 것으로, 〈나의 공부환경 점검하기〉이라는 프로그램이다. 공부를 잘하는 학생들은 공부가 더 잘 되도록 하기 위한 물리적 환경 배열에 더 많은 노력을 기울인다. 교육 전문가들의 연구 결과가 알려주듯이 공부가 잘 되도록 하는 환경적 요인이 공부에 대한 욕구나 목표 못지않게 중요한 것이다. 최고의 환경에서 공부를 한다면 그만큼 공부의 능률과 성취도 높아질 것이다.

이 프로그램은 자신의 학습을 성공적으로 이끄는 데 방해가 되는 원인이 무엇인지를 파악해보고 이에 대해 분석한 뒤 자기 스스로 개선점을 찾도록 설계되어 있다. 혼자 해결할 수 있는 방해 요인일 경우 스스로 해소하기 위해 노력하고 최선책을 찾아 적극적으로 문제해결을 할 수 있도록 구성되어 있다. 따라서 스스로가 가장 적합한 학습 환경이 무엇인지를 선택하고 구조화

나의 공부환경은?

1. 자신이 공부할 때 주의집중을 방해하는 원인이 되는 것은 무엇이든지 적어보세요.
2. 위에서 작성한 주의산만 요인들을 심리적인 것과 물리적인 것으로 나누어 적고, 분류가 애매한 것은 기타요인 칸에 적으세요.

주의산만 요인	주의산만 내용	해결방안
심리적 요인		
물리적 요인		
기타 요인		

3. 계획한 공부를 잘 하기 위해 좋은 학습 환경을 만들려면 어떻게 해야 할까요?

요일	나만의 학습 환경 만들기	평가
월		
화		
수		
목		
금		
토		
일		

하며 창조할 수 있도록 도와준다. 공부에 방해되는 원인에 대해서 한번쯤 진지하게 생각해보는 것은 바람직하다. 자신이 공부에 집중하지 못하는 것이 무엇 때문인지를 알고 있다면 스스로 방해요인을 차단해 집중력을 높일 수 있기 때문이다.

3차원 혼공 학습 프로그램은 이렇게 동기, 인지, 행동이 상호작용을 해나가면서 상황에 맞는 적절한 프로그램을 실시할 수 있도록 구성되어 있다. 또한 프로그램에서는 학습자가 학습에 참여하는 이유와 목적 또는 시험이나 공부로 인한 불안 처리를 보다 긍정적으로 해결할 수 있도록 이끌어준다. 나아가 학습 자료를 이해하고 기억하는 데 사용하는 실제적인 전략을 익히며, 아울러 학습자 스스로가 자기에게 가장 적합한 학습 환경을 선택하고 구조화하며 만들어갈 수 있도록 단련시켜준다.

1단계

보충편

학습동기
·
학습인지
·
학습행동

혼공
프로그램

학습동기 프로그램

학습동기과 관련된 프로그램에는 〈모델링 하기〉, 〈자신감 높이기〉, 〈목표 정하기〉, 〈시험불안 감소시키기〉 등이 있다.

▶ 모델링 하기

〈모델링 하기〉는 학교에서 학습태도가 좋은 친구나 교우관계가 좋은 친구 등 닮고 싶은 친구의 모습을 떠올리는 것이다. 부럽거나 본 받고 싶은 친구의 행동을 따라 해보면 그 친구의 좋은 점을 기를 수 있다. 교육 전문가 밴듀라는 학생들이 자신이 정한 모델처럼 행동을 하면, 주위에서 강화를 받을 수 있는 기회가 증가한다고 믿기 때문에 모델을 모방한다고 말했다. 이처럼 모델의 모범적이고 긍정적인 행동을 관찰하고 모방하는 방법을 활용하면 자신의 학습 습관을 긍정적으로 바꿀 수 있고 학업성취도 높일 수 있다.

모델링 하기

지금 여러분이 닮고 싶은 친구나 친척, 또는 여러 책을 통해 본받고 싶은 위인들의 이름을 적어보고, 그와 같은 사람이 되고 싶은이유를 적어보세요. 살며시 눈을 감고 편안한 마음으로 자신의 마음속에 있는 부정적인 생각을 내보내세요. 그런 다음 내가 닮고 싶어 하는 그 사람이라 생각하고, 그와 같은 행동을 할 수 있다고 믿어보세요. 닮고 싶어하는 사람처럼 되려면 어떻게 하면 될까요?

○ ○ ○ 처럼 되고 싶어요!	이유는?	어떻게 하면 될까요?

▶ 자신감 높이기

또 다른 프로그램으로는 〈자신감 높이기〉가 있다. 학생들이 과외나 학원에 의지하지 않고 자기 스스로 공부를 할 수 있게 하는 원동력은 바로 자신감이다.' 나는 혼자 할 수 있다고 믿어','난노력만 하면 무엇이든지 할 수 있어'라는 자신감이 무엇보다도 중요하다. 이러한 자신감은 학생들의 실제적인 경험을 통해서 생겨나기도 하고, 주위 인물들의 격려나 믿음에 의해서도 생겨날 수 있다.

자신감 높이기

시험에서 원하는 결과를 얻지 못했을 때마다 자기 스스로 부정적인 사고를 하지는 않았나요? 예를 든다면, '난 정말 바보인가봐', '다음에 또 공부를 해도 성적이 오르지 않을 거야'라는 생각을 해봤을 것입니다. 사람은 누구나 공부를 하다보면 실패할 수도 있고, 부정적인 피드백(꾸중, 벌)을 받을 수도 있습니다. 이번 프로그램은 자신의 성공의 경험을 최대한 살리고, 자신도 잘할 수 있다는 믿음을 가지는 것입니다. 몸을 편안히 하고, 자신의 경험을 한번 생각해봅시다.

1. 공부를 하면서 자신이 성공했다고 느꼈던 사건에 대해서 말해봅시다.

2. 자신의 노력으로 성공했던 경험을 생각해보세요. 자기 자신에게 잘했다는 칭찬의 글을 적어봅시다.

3. 위의 활동을 통해 느낀 점을 적어봅시다.

▶ 목표 정하기

〈목표 정하기〉도 학습동기 프로그램의 중요한 방법 중 하나다. 공부 잘하는 아이들을 보면, 우선 학습에 대한 목표가 뚜렷하다. 자신의 공부에 대한 목표나 진로에 대한 의지가 확실한 아이들은 그렇지 않은 아이들보다 실패를 하더라도 낙담이나 실망을 덜 하게 된다. 공부에 있어서 자신에게 맞는 목표를 설정하는 것이 중요한 것은 바로 이 같은 이유 때문이다.

▶ 시험불안 감소시키기

평소에는 공부를 곧잘 하는데도 시험성적이 잘 나오지 않는 아이들이 있다. 또 시험지만 받으면 떨리거나 불안해서 답을 제대로 못 적는 아이들도 있다. 이런 것을 시험불안이라고 한다. 시험불안에 관한 연구를 보면, 시험불안이랑 취학 전이나 초등학교 시절의 비현실적인 부모의 요구와 기대에 의해 형성되는 것으로 알려져 있다. 초등학교와 중등학교, 대학, 심지어는 성인이 되어서도 지속된다.

시험불안을 감소시키는 방법에는 여러 가지가 있지만 여기 소개하는 시험불안 감소 프로그램은 비합리적 신념을 합리적인 생각으로 바꾸는 것이다. 엘리스Albert Ellis에 의하면 인간은 합리적이고 올바른 생각을 할 수 있는 능력과 비합리적이고 잘못된 생각을 할 수 있는 능력을 동시에 지니고 있다. 인간은 불안에 대

279

목표 정하기

여러분이 공부를 하려고 책상에 앉았어요. 무엇부터 먼저 해야 될지 몰라 이 책 저 책 펴보지 않았나요? 아니면 왔다 갔다 하며 엉뚱한 일을 하지는 않았나요? 왜 이런 일이 일어난다고 생각하세요? 공부를 하기로 마음먹었다면, 우선 자신이 도달할 수 있는 목표를 세우고 계획을 세워야 합니다. 이번 프로그램의 내용은 목표 정하기입니다. 이번 시험의 목표, 이달의 목표, 올해의 목표 등 구체적인 목표를 각자 나름대로 세워 실천해봅시다.

매일학습의 목표

1. 매일 여러분이 해야 할 목표 달성 계획표를 만들어보세요. 눈에 잘 보이게 책상 앞에 붙이고 실천해봅시다.

Example
매일 내가 해야 할 일
1. 학교에서 배운 것 복습하기
2. 책 읽기
3. 수학 문제집 1장씩 풀기

▶ 내가 세운 목표에 도달했다면

· 내가 세운 목표를 잘 달성했나요?
· 목표를 잘 달성하게 된 것은 누구 덕분인가요?

나 (   ), 선생님 (   ), 부모님 (   ), 기타 (   )
앞으로도 계속 잘 할 수 있겠지요?

▶ 내가 세운 목표에 도달하지 못했다면

· 나의 목표를 달성하지 못한 이유는 무엇일까요?
· 다음에 꼭 목표에 도달하려면 어떻게 하면 될까요?

2. 계획을 다시 세워야 한다면? 자기가 도달할 수 있는 목표를 세워보세요.

시험불안 감소시키기

평소에 알던 것도 시험을 치는 순간에 잘 생각이 나지 않은 경험이있나요? 아니면 식은땀이 나고, 심장박동이 빨라지는 등 불안과 초조를 느낀 적이 있나요? 시험상황에서 불안감을 느껴 공부했던 것을 제대로 발휘하지 못하면 정말 화가 납니다. 그렇죠? 이번 프로그램은 우리가 시험상황에서 느끼는 불안장면을 상상하고 그 불안을 감소시키는 훈련을 하도록 하겠습니다. 이야기하는 장면을 아주 생생하게 머리에 떠올려보세요.

> **1. 다음을 잘 읽고 따라해보세요. 시험상황이 아니라도, 다른 불안상황(수학시간, 발표시간, 친구관계 등등)에도 적용할 수 있습니다.**

① 지금부터 시험상황을 상상해보도록 하죠. 몸은 편안하게 하고 힘을 다 빼세요.

② 다시 심호흡을 하고, 몸의 힘을 최대한 뺀 뒤, 시험상황을 상상해보도록 합시다.

③ 문제를 풀다가 모르는 것이 나왔을 때를 상상해보도록 합시다.

④ 이 장면을 상상하면서 몸과 마음이 편안해지는 것을 느낄 때까지 계속 힘을 풀어보세요.

> **2. 이번에는 시험으로 불안, 공포 등을 내쫓기 위해 ABCDE 절차를 배우겠습니다.**

① 자, A에는 여러분이 불안을 느끼는 사건이나 상황을 적으세요.

② B에는 A로 인해 생긴 근심, 걱정, 불안 등으로 갖게 되는 생각을 적으세요.

③ C에는 위의 B로 인해 자기 자신에게 어떤 영향을 미치는가를 적으세요.

④ D에서는 B의 생각에 대해 논박해보세요.

⑤ E에는 새롭게 바뀐 생각이나 감정, 행동 등을 적어보세요.

Example

A(선행사건) :　　　시험을 보면 불안해서 아는 것도 틀린다

B(비합리적 사고) : "공부를 해도 시험지만 보면 아무런 생각이 나지 않아. 난 정말 한심한 인간이야"

C(결과) :　　　공부를 하지 않고, 자신감 결여, 무기력에 빠짐

E(영향) :　　　도전감, 자신감

처하기 위해서 스스로에게 말하는 것을 학습하게 되는데, 이런 진술들이 비합리적인 것일 경우에는 문제를 해결하기보다는 오히려 더 많은 문제를 일으키게 된다는 것이다.

불안장애를 일으키는 것은 생활사건 자체가 아니라 그 사건에 대한 왜곡된 지각이며, 이 왜곡된 지각의 밑바닥에는 비합리적이고 자기 패배적인 신념들이 자리하고 있다. 이러한 비합리적인 사고들을 합리적이고 건설적인 생각으로 대치시키는 것이 엘리스의 ABCDE 이론이다.

학습인지 프로그램

인지조절을 위한 프로그램 중에 가장 대표적인 것이 〈예습하기〉와 〈복습하기〉다. 그 외에 〈기억관리 연습〉, 〈인지전략평가 기록장〉, 〈정보 탐색하기〉 등이 여기에 해당된다.

▶ **예습하기**

효과적인 예습은 다음 수업시간에 집중할 수 있도록 도와주며 내일 배울 내용이 오늘, 혹은 어제 수업시간에 들은 내용과 어떤 관련이 있는지 살펴볼 기회를 만들어준다. 이런 과정을 통해 교과내용에 대한 이해력을 높일 수 있을 뿐만 아니라 학습의 흥미와 동기를 높일 수 있다.

예습하기

( )년 ( )월 ( )일 ( )요일				
교과목	페이지	교과내용 (제목)	Key word	궁금한 점
국어		소제목	중요한 단어	질문내용
(교과내용을 간략하게 요약해 보세요.)				
영어				
수학				

과학			
사회			
기타과목			

▶ **복습하기**

그날 배운 주요 내용을 다시 확인함으로써 기억하는 데 도움이 되고 이전에 배웠던 내용과 관계를 지어봄으로써 학습내용에 대한 이해도를 높일 수 있다.

복습하기

( )년 ( )월 ( )일 ( )요일				
교과목	페이지	교과내용(제목)	Key word	궁금한 점
국어		소제목	중요한 단어	질문내용
(수업시간에 배운 내용 중 반드시 기억해야 할 중요한 내용을 요약해서 정리한다.)				
영어				
수학				
과학				

사회			
기타과목			

기억관리 연습

인지능력을 향상시켜주는 또 다른 방법으로 기억력을 향상시키는 기억관리 연습이 있다. 대부분의 학생들이 회상, 즉 필요할 때 머리에서 정보를 인출하는 데서 어려움을 느낀다. 그러나 기억력을 향상시키는 데 가장 중요한 역할을 하는 것은 의지다. 기억하려고 하는 의지가 집중력과 자료를 회상하는 능력을 향상시켜주는 것이다.

기억을 하는 방법 중 하나로 어떤 항목들을 범주화시키는 것이 있다. 기억하려는 목록 간에 유사점과 차이점을 파악해본다거나 목록들을 범주로 묶은 뒤 범주별로 이를 반복하여 외우면 훨씬 더 효과적이다. 또 다른 방법으로는 장소법을 들 수 있다. 이는 목록에 있는 각 항목을 특별한 장소와 연합시켜서 기억하는 방법이다. 이 회상방법은 학년 초마다 선생님들이 반 아이들을 외우기 위해 좌석배치표를 사용하는 것을 예로 들 수 있는데, 누가 몇 번째 줄의 몇 번째 좌석에 앉는지 그 학생의 이름과 자리를 결합시켜 기억하는 방법이다.

기억관리 연습

1. 다음 목록을 회상하기 위해 아래 목록을 범주화해보세요.

살구, 시금치, 배추, 앞치마, 헬리콥터, 자두, 양상추, 재킷, 오토바이, 뗏목, 파인애플, 스웨터, 사과, 와이셔츠, 버스, 복숭아, 치마, 포도, 지하철

2. 범주화된 항목을 중심으로 목록을 기억해보세요.

▶ **인지전략 평가 기록장**

〈인지전략 평가 기록장〉은 효과적인 학습전략의 구체적인 활동을 담고 있다. 기록장을 이용할 때 무엇보다도 중요한 것은 자료가 요구하는 내용들을 매일매일 꾸준히 반복할 수 있는 끈기다. 공부를 잘할 수 있는 비법은 무엇보다도 스스로의 노력과 그 노력의 꾸준한 축적에서 온다는 것을 명심해야 한다. 〈인지전략 평가 기록장〉에서 제시한 '학습목표와 학습계획 세우기', '학습자료 정보구하기', '공책에 기록점검하기', '학습내용조직화와 바꾸기', '반복외우기와 기억하기', '복습하기', '자기평가' 영역을 활용, 실천하면 효과적인 학습전략이 몸에 익어 높은 학업성취를 기대할 수 있다.

인지전략 평가 기록장

매일 가정이나 학교에서 공부를 할 때 다음 사항에 대해 간단히 기록해주시기 바랍니다.

( )년 ( )월 ( )일 ( )요일		
학습(인지) 전략	계획	인지조절학습 내용 및 활동
학습 목표와 계획 세우기	학습목표	
	학습계획	
학습 자료 정보 구하기	어디서	
	어떤 내용을	
공책에 기록 점검 하기	기록내용	
	점검내용	
공책에 기록 점검하기	학습내용	
	바꾸기	
반복 외우기와 기억하기	무엇을	
	어떻게	
복습하기	무엇으로	
	어떤 내용을	
자기평가	평가결과	
	방법(상, 벌)	

▶ **정보 탐색하기**

혼공 학습을 위해서는 지식과 기술을 효과적으로 기억하기 위한 전략 못지않게 자신이 필요로 하는 정보를 탐색하고 활용할 수 있는 능력 또한 필수적이다. 21세기는 정보화산업시대로 무한히 많은 정보들이 쏟아지고 있다. 이 가운데 특정 문제나 사건을 해결하기 위해 어떤 자료를 선택해서 상황과 맥락에 맞게 수집된 자료들을 가공해서 활용해야 하는지를 결정해야 한다.

〈정보 탐색하기〉 활동은 혼공 학습과정에서 발견된 문제들을 스스로 해결하기 위해 정보를 찾아보고 확인하는 활동으로 구성되어 있다. 정보를 탐색하고 확인하는 과정을 통해 학습자는 학습상의 오류를 수정할 수 있는 기회를 갖게 되며 내재적인 학습동기를 신장시키게 된다.

정보 탐색하기

수업이나 과제를 하면서 발견한 궁금한 사항은?	
궁금한 내용을 알아보기 위해 어떤 방법을 사용하였는가?	• 사전 찾기 ( ) • 관련 웹사이트 검색하기 ( ) • 선생님께 여쭤보기 ( ) • 부모님께 여쭤보기 ( ) • 기타 ( )
위의 방법을 통해 새롭게 알게 된 사항들은?	

학습행동 프로그램

학습행동에 도움을 줄 수 있는 훈련에는 〈집중력 연습하기〉, 〈단계별 주의집중 향상시키기〉, 〈컴퓨터 중독에서 탈피하기〉 등이 있다.

▶ 집중력 연습하기

주의분산은 크게 내적 주의분산과 외적 주의분산 두 가지로 나누어볼 수 있다. 이 두 가지 모두 학업과제에 집중하려는 시도를 방해해 능률을 떨어뜨린다. 이중 외적 주의분산은 비교적 쉽게 이해할 수 있다. 외부 소음, 광경 또는 자극 등이 외적 주의분산의 요소인 셈이다. 이처럼 외적인 요소에 의해 주의가 분산되는 것을 막으려면 학습 환경을 바꾸어 외적 자극을 최소화해야 한다. 특히 시각적이거나 청각적인 자극을 엄격하게 제한하면 주의를 분산시키는 반응을 최소화할 수 있다.

반면에 내적 주의분산 요인들은 외적인 자극에 비해 한층 더 강력하며 제한하기도 쉽지 않다. 내적 주의분산을 다루는 가장 좋은 방법은, 주의가 분산되었다고 느낄 때 스스로에게 큰 소리로 "안돼!"라고 외치는 것이다. 또한 가상의 시각적 요소를 도입해 강하게 집중하고 그 누구도 나를 방해하지 못할 것이라고 되뇌이며 마음을 가라앉히는 것이다.

집중력 연습하기

- 소음
- 눈에 들어오는 사물들
- 집중력을 떨어뜨리는 생각들
- 주변 온도
- 불편한 의자
- 빛이나 밝기 부족

목록을 작성했으면 주의분산을 가져오는 이 요소들을 극복할 계획을 세워보세요. 집중을 방해하는 요소들을 어떻게 해야 할지 결정해보세요.

2. 집중력을 개선시키기 위한 다음의 절차를 연습해보세요.

① 자신에게 "나는 집중할 것이다"라고 말한다.

② 나의 정신적 스크린을 시각화한다. TV 스크린이나 영화관 스크린을 떠올리면 된다. 이 스크린은 집중의 초점이 될 것이다. 나는 그 스크린에관한 전체적인 통제권을 갖는다. 나 스스로에게 이 집중 통제권을 갖는다고 말한다.

③ 정신적 스크린을 공백상태로 만들어라. 그런 다음 집중하고 싶은 것을그 스크린 위에 올려놓는다(이것은 내가 읽고 있는 것, 공부하는 것, 듣는 것이 될 수 있다).

④ 집중이 흐려지거나 주의가 분산되면 무엇이 집중을 떨어뜨리는지를 파악하라. 주의를 분산시키는 것을 기록하고 그것이 다시 주의를 분산시키지 못하도록 피하는 방법에 대해 생각해본다.

⑤ 위의 단계를 반복한다.

* 학습의 기술(한순미, 2002) 참조

▶ **단계별 주의집중 향상시키기**

또 다른 집중력 향상 프로그램으로 〈단계별 주의집중 향상시키기〉 훈련이 있다. 이는 처음에는 짧은 시간의 주의집중 훈련부터 시작하여 점차적으로 시간을 늘려나가면서 긴 시간 집중할 수 있도록 도와준다. 뿐만 아니라 주의 집중할 수 있는 시간을 스스로가 정해나가고 이것을 지킴으로써 공부하고 싶은 내재적 동기가 생기도록 자극한다.

단계별 주의집중 향상시키기

먼저 자신이 '냄비형'인지 '뚝배기형'인지 확인한 뒤 냄비형에 해당된다면 아래 프로그램을 적극적으로 활용해본다.

다음 문장을 읽고 자신과 가깝다고 생각하는 쪽에 (V) 표시를 하시오.		
1 책상 앞에 앉으면 바로 공부를 하지 못한다.	예	아니오
2 쉽게 지루함과 따분함을 느낀다.	예	아니오
3 하기 싫은 숙제나 공부는 미루다가 결국 하지 못할 때가 많다.	예	아니오
4 재미있는 일만 하고 싶다.	예	아니오
5 좋아하는 과목과 싫어하는 과목이 뚜렷하다.	예	아니오
6 모르는 문제가 있으면 끝까지 공부한다.	예	아니오
7 공부를 시작하면 끝까지 하는 편이다.	예	아니오
8 의지가 강한 편이다.	예	아니오
9 싫어하는 공부와 좋아하는 공부의 경계가 뚜렷하지 않다.	예	아니오
10 하기 싫은 일도 해야 하는 일이라면 끝까지 한다.	예	아니오

채점하기: 1~5번까지 예라고 답한 것이 6~10번의 예라고 답한 개수보다 많을 경우 냄비형, 그렇지 않을 경우 뚝배기형이다.

냄비형 활용 프로그램

1. 평상시 자신이 숙제를 할 때나 공부를 할 때 시간이 얼마나 소요되는지 기록해본다.
2. 이에 대해 자기반성을 해본다.
3. 다음날 숙제나 공부를 시작해서 몇 분 동안 집중해서 했는지 기록해본다.
4. 이렇게 3~4차례 자신의 집중시간을 살펴본 뒤 앞으로의 계획을 세워본다.
5. 10회 실시한 뒤 표시한 ○와 ×를 세어본다. 만약 ○가 8개가 넘었다면, 이번에는 10분 더 늘려서 연습한다. 그렇지 않았다면 다시 10회를 실시한다.

▶ 10분 늘리기를 10회 실시하여 이를 지켰다면 아래 기록표에 ○로 표시한다. 지키지 못했을 경우라면 ×로 표시한다. 위와 같은 방법으로 한 달 정도 훈련하다 보면 나도 모르는 사이에 집중력이 향상되어 있는 것을 확인할 수 있다.

평균 집중시간	(분)	평균 집중시간	(분)
1회		6회	
2회		7회	
3회		8회	
4회		9회	
5회		10회	
○의 개수		×의 개수	
나의 반성			

▶ 컴퓨터 중독에서 탈피하기

"컴퓨터 앞에 앉아있으면 왜 그렇게 시간이 잘도 흘러가는 지……" 하는 생각을 안 해본 사람은 없을 것이다. 컴퓨터 앞에서 보내는시간 때문에 공부하는 데 지장을 받는다면 혹시 컴퓨터 중독은 아닌지 생각해보아야 한다. 아무리 재미있는 일이라도 해도 지나치게 하면 독이 되는 법! 스스로 시간을 조절해가며 컴퓨터를 할 수 있도록 자기조절력을 길러야 한다.

컴퓨터 중독에서 탈피하기

1. 일주일간 자신의 컴퓨터 사용시간에 대해 살펴보자. 아래 표에 날마다 컴퓨터를 사용한 시간과 용도에 대해 기록해보자.

요일	시간 (예: 3시 10분~4시, 50분)	사용 용도 (예: 포트리스 게임을 함)
월		
화		
수		
목		
금		
토		
일		

2. 이번에는 아래 표 에서 제시된 질문을 읽고 솔직하게 답을 해 본다.

질문	나의 대답
내가 인터넷을 하게 된 계기는?	
인터넷을 하면서 후회스러웠던 때는?	
인터넷이 내 삶에서 차지하는 비중은?	
인터넷을 하면서 생긴 좋지 못한 습관은?	

인터넷을 하면서 행복했던 순간은?	
하루 중 인터넷을 하기에 적당한 시간은?	
주말에 인터넷에 빠져들고 싶은 유혹을 이겨내는 방법은?	
인터넷 사용시간을 줄일 수 있는 방법은?	
처음 계획했던 시간보다 인터넷 사용시간이 늘어났을 때 그 순간 내가 해야 할 일은?	

▶ 위의 표에 답을 한 뒤 컴퓨터 사용시간이 지나치게 많다거나 <u>스스로 자제하지 못한다</u>고 판단되었다면, 앞서 훈련한 단계별 주의집중 향상 프로그램처럼, 컴퓨터 사용 시간을 점진적으로 줄여가도록 한다. 물론 과제를 한다거나 인터넷 수업을 듣는 시간은 여기에 해당되지 않는다.

3. 아래 표에 자신의 평균 인터넷 사용시간을 적고, 목표한 인터넷 사용시간을 기록한 뒤 이를 매번 잘 이행했는지에 대해 ○, ×로 표시하시오.

평균 인터넷 사용시간		(분)
내가 목표한 인터넷 사용시간		(분)

1회		6회	
2회		7회	
3회		8회	
4회		9회	
5회		10회	
○의 개수		X의 개수	
나의 반성			

스스로 해내는 공부의 폭발력

혼공의 힘

초판 1쇄 인쇄 2021년 1월 13일
초판 1쇄 발행 2021년 1월 21일

지은이 송인섭
펴낸이 김선식

경영총괄 김은영
책임편집 이여홍 **디자인** 김누 **책임마케터** 박태준, 유영은
콘텐츠개발7팀장 이여홍 **콘텐츠개발7팀** 김단비, 김누, 권예경
마케팅본부장 이주화 **마케팅3팀** 박태준, 유영은
미디어홍보본부장 정명찬 **홍보팀** 안지혜, 박재연, 이소영, 김은지
뉴미디어팀 김선욱, 염아라, 허지호, 김혜원, 이수인, 배한진, 임유나, 석찬미
저작권팀 한승빈, 김재원
경영관리본부 허대우, 하미선, 박상민, 권송이, 김민아, 윤이경, 이소희, 이우철, 김재경, 최완규, 이지우

펴낸곳 다산북스 **출판등록** 2005년 12월 23일 제313-2005-00277호
주소 경기도 파주시 회동길 357 3층
전화 02-704-1724
팩스 02-703-2219 **이메일** dasanbooks@dasanbooks.com
홈페이지 www.dasanbooks.com **블로그** blog.naver.com/dasan_books
출력·인쇄 민언프린텍

ISBN 979-11-306-3460-9 (13370)

다산북스(DASANBOOKS)는 독자 여러분의 책에 관한 아이디어와 원고 투고를 기쁜 마음으로 기다리고 있습니다.
책 출간을 원하는 아이디어가 있으신 분은 다산북스 홈페이지 '투고원고'란으로 간단한 개요와 취지, 연락처 등을 보내주세요.
머뭇거리지 말고 문을 두드리세요.